Let's Parler Franglais One More Temps

(Vol IV)

Let's Parler Franglais One More Temps

(Vol IV)

Miles Kington

Illustrations by Merrily Harpur

Robson Books

FIRST PUBLISHED IN GREAT BRITAIN IN 1982 BY ROBSON BOOKS LTD., BOLSOVER HOUSE, 5-6 CLIPSTONE STREET, LONDON W1P 7EB.

The author would like to thank the proprietors of Punch *magazine for permission to reproduce material in this book.*

British Library Cataloguing in Publication Data
Kington, Miles
Fourth Franglais.
I. Title
848'.91407 PP6061.I/
ISBN 0 86051 178 2

Printed in Hungary

Preface

par Det-Inspecteur "Sting" de la Police

Bonsoir, tous.

Le plus fameux rock star du monde ici.

Dans la Police, nous recevons beaucoup de criticisme, vous savez. Un lot de stick. Well, c'est part du job.

Frexemple, on dit que la Police est toujours absent quand ils sont needed. Au Japon ou à Nouveau York, mostly.

Frexemple, on dit que la Police emploie des gadgets electroniques tres sophistiqués pour le monitoring du sound.

Frexemple, on dit que la Police souffre de undermanning, avec seulement trois membres.

Oui, c'est tout vrai!

Dans la Police, nous faisons un excellent job sous des conditions très difficiles. Mais il y a un criticisme qui sticke dans mon craw, me monte au nez, me fait le choking-off, obtient ma chèvre, ou whatever. C'est quand les gens disent: "Oh, il n'y a pas de culture avec la Police, vous savez."

Mon dieu, j'ai busté mon gut pour être culturel. J'ai fait l'acting sur la TV avec David Hemmings. J'ai frappé le big-time avec "Brimstone et Sirop", avec Lady Laurence Olivier et Denim Elliott. J'ai écrit des lyriques très meaningfuls.

Et maintenant, je suis au top, avec l'invitation d'écrire la préface de *Let's Parler Franglais One More Temps*! Pour moi, c'est le grand moment dans mon career brillant.

Après, je vais probablement retirer, pour faire du golf et gardening.

Merci pour cette chance, M. Kington.

Bonsoir, tous. Mind comment vous allez.

"Sting"

Cette preface est available aussi en 45 single et cassette.

Introduction

Par l'auteur, en personne

Bonjour.

Le titre de ce livre est "Let's Parler Franglais One More Temps (Vol IV)".

Je regrette le titre.

Mais pour le quatrième (4ème) volume, les titres sont toujours difficiles.

Préférez-vous "Grand-son de Let's Parler Franglais"?

Ou "Fourth (4th) Time Lucky avec Let's Parler Franglais"?

Ou "O mon Dieu, pas un autre Let's Parler Franglais"?

Non?

Moi non plus.

Brahms, probablement, avait la même trouble avec sa Symphonie No 4. Pauvre vieux Brahms. Il va au publisher avec le manuscrit. Le publisher péruse la symphonie. Il agit les mains un peu, comme un conducteur, et fait le humming. Puis il dit à Brahms:

"Jolie petite symphonie, Johannes, vieux chap. Des charmantes mélodies, etc, que les message-boys vont siffler dans la rue. L'orchestre est un peu grande, un peu expensive. Oh well, never mind. But le *titre* . . . c'est un non-non."

"Symphonie No 4?" dit Brahms. "Je l'aime, moi. C'est sweet et simple."

"Non, mais regardez," dit le publisher. "C'est boring. C'est un grand yawn. Pourquoi pas . . . 'La Symphonie Pathétique' ou 'Une Sexy Symphonie' ou 'L'Inter-City Symphonie'. . . ."

"Vous êtes fou," dit Brahms. "Symphonie No 4. Prenez-le ou laissez-le. Je suis solide sur this one."

"Comme une matière d'interêt," dit le publisher, gàme au last, "vous allez composer d'autres symphonies? Symphonie No 5, etc?"

"Non, je ne crois pas," dit Brahms. "Composer les

symphonies, c'est comme le repainting du Pont du Forth. Interminable*."

"Alors, pourquoi pas appeler cette symphonie *La Finale Symphonie de Brahms?*"

"Allez prendre un running jump," dit Brahms.

Moi, j'ai eu une conversation très similaire avec mon publisher, Monsieur Robson. Un bloke affable, mais, comme tous les publishers, crazy pour la publicité. Il avait des suggestions comme "The Joy of Franglais" . . . "Le Franglais Cookbook" et "Le Vieux Express Franglais".

Moi, je suis avec Brahms.

Franglais No 4, c'est OK par moi.

OK par vous?

Bon.

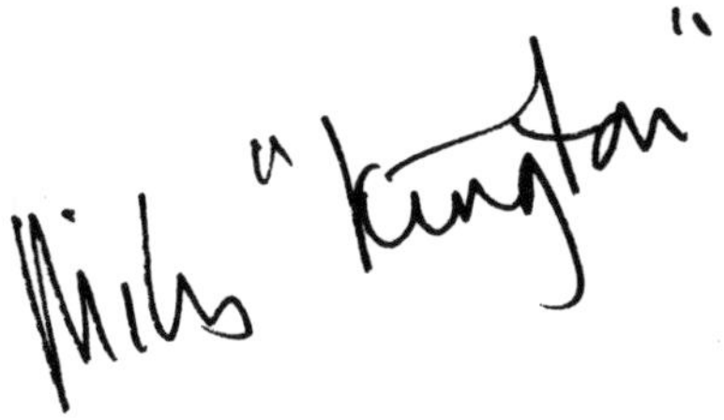

* Brahms a composé sa Symphonie No 4 en 1885. Le Pont du Forth ne fut complété qu'en 1889. Curieux example de prognostication par le fameux compositeur.

Acknowledgments

(Continué de Vol III)

. . . à Harold Evans, qui m'a donné ma grande chance sur La Times quand j'étais unemployed (maintenant c'est vice versa—c'est un drôle world, et no mistake), à Georges Harrison, qui a mis £2m dans ce projet, à la petite ville de Kington, Herefordshire, que je n'ai jamais visité mais donnez-moi du temps, messieurs, à Ken Livingstone qui a introduit un peu de couleur dans le GLC (pink, mostly), aux galants inhabitants des Îles de Falkland s'il y a toujours quelqu'un là, à Michael Parkinson qui ne m'a jamais invité sur son show dans onze (11) ans, pas de hard feelings, Mike, aux baggage handlers de Heathrow qui m'ont donné deux étranges valises contenant cocaïne à la valeur de £4m (merci lads!), à Tom le fantôme drummer, au Pontif Pape Jean-Paul II, au grand DJ de la BBC, Pape John-Peel I, à Colin Godman de "Scoop" pour quelque assistance avec les questions avant le programme, au late great Django Reinhardt, à Charlie et Fred les chats, à la girlfriend, à la wife, à Emily et Edith Bird de Cheltenham qui n'ont pas laissé leur adresse, au cousin Laurence de Blairgowrie qui m'a forcé de faire le Scottish dancing, à Caroline et Isabel, un team fabuleux, aux producteurs de pisco le drink national de Peru (qui frappe tequila dans un cocked hat), à E. J. Barnes pour assistance avec la bike (mais les gears sont still sur le blink), à Clive Jenkins pour m'avoir dénoncé au Press Council (ah, vous Welsh—si impétueux!), à Richard Ingrams qui m'a toujours encouragé à vérifier mes références, à Film '82 qui m'a donné un big break que je n'ai pas accepté, quelle ingratitude, sorry Rog, à Simon Elmes dans les Archives pour sa patience monumentale, à Pete Odd, à Frank Smith et tout le gang de Trinity, à la nation de Japon, qui prouve qu'il est possible d'aller au top de la classe sans une bombe nucléaire, au Club Garrick qui est toujours ouvert (mais pas pour moi, qui ne suis pas un membre), à P. C. Jaggs de Chelmsford, à Sophie qui fait le tidying de mon desk. . . .

(Continué dans Vol V)

Lessons

Lesson Un

L'Homme du Board de Sandwich

Passant: Excusez-moi . . .

Sandwichman: Oui?

Passant: Mais votre message . . .

Sandwichman: LA FIN DU MONDE EST NIGH ?

Passant: Oui. C'est vraiment all over ?

Sandwichman: Oh, oui. Définitivement. Pas de doute, squire. C'est le big one. C'est Doomsjour, parce qu'il est écrit dans Le Livre de Révélations que . . .

Passant: Oui, oui, mais quand exactement ?

Sandwichman: Quand quoi ?

Passant: La fin du monde. C'est absolument nigh ? Ou très nigh ? Ou seulement un peu nigh ? Parce que j'ai beacoup de choses à faire.

Sandwichman: Ah non, c'est très, très nigh. C'est bloody imminent. Vous avez le clean underwear ?

Passant: Oui, je crois . . .

Sandwichman: Bon. Parce que, au Jugement Final, tout compte, vous savez.

Passant: Le Jugement Final ? C'est très sérieux, alors.

Sandwichman: Vous êtes too bloody right que c'est sérieux. Votre Maker a beaucoup de questions à te poser. Il est plus tough que Robin Day. Il connaît la score, all right. Il va demander : qu'avez-vous fait avec Kathie Cartwright, âgé 11 ? Pourquoi vous n'avez pas écrit chaque weekend à votre pauvre mère ? Quand avez-vous commencé ce tax fiddle avec le second-hand tyre lark ?

Passant: Comment connaissez-vous tout cela ! ?

Sandwichman: Jamais vous mindez. Répentissez, répentissez ! La fin du monde est autour du coin ! Vivez maintenant, payez dans un moment !

Passant: Pouvez-vous me donner un time-check plus approximatif sur le Trump Final ?

Sandwichman: Eh bien—un jour —deux jours—non, samedi je vais à la launderette—trois jours.

Passant: Bon. Cela me donne le temps de mettre mes affaires en ordre.

Sandwichman: Vous voulez un bon accountant ? Mon M. Withergill est superbe. Je ne paie *nul* taxe depuis 1951. Tenez, je vous donne son adresse . . .

Passant: Un moment. Vous travaillez depuis 1951 ? Comme sandwichman ?

Sandwichman: Oui.

Passant: La fin du monde a été nigh *pendant 30 ans* ?

Sandwichman: Oui. La fin du monde est toujours nigh, *mais elle ne vient jamais*. Curieux, non ? J'ai beaucoup pensé dans mes 30 ans, et ça c'est ma conclusion. Malheureusement il n'y a pas d'espace sur mon sandwichboard pour la seconde partie. Et maintenant, excusez-moi . . . Répentissez, répentissez ! Grand closing down ! Tout doit aller . . . !

Lesson Deux

Le Proposal de Mariage

Lui: Eeuh .·. . hmmm . . .

Elle: Oui ?

Lui: Oh, rien, darling.

Elle: Funny. J'ai entendu un speaker. Il avait ta voix.

Lui: Oui, well. Look . . . Explique-moi ton attitude avec regard à mariage.

Elle: Ah—c'est un proposal !

Lui: Non, non, non . . . Seulement, je pensais, sort of, que nous n'avons pas discuté le concept de wedlock dans une société libérée. Tu sais.

Elle: Non, je ne sais pas.

Lui: Blimey, le going est très lourd. OK, regarde-le this way. Quel concept de mariage correspond most nearly à votre idée personelle ? i. Un partnership pour la vie. ii. Un limited partnership pour une saison. iii. Un système de bondage. iv. Une belle excuse pour une partie avec beaucoup de bubbly, et le meilleur homme qui est sick après, et un dustbin lid attaché à la voiture getaway, et trois semaines de confetti dans l'underwear.

Elle: Ah—c'est un proposal !

Lui: Oui, je suppose so.

Elle: Ce n'est pas comme le Prince Charles l'a fait.

Lui: Quoi? *Prince Charles t'a proposé le mariage*? Ah, le scallywague!

Elle: Non. Mais il faut aller sur un knee, etc.

Lui: OK. (*Il prend une position de kneeling.*) Puis-je avoir ta main en mariage etc?

Elle: Non, etc.

Lui: Ah, je suis heart-broken, etc. Pourquoi pas?

Elle: Parce que le mariage, pour moi, signifie le life-sharing, la drudgerie domestique, la captivité, la jalousie, le plate-throwing.

Lui: Mais nous avons tout cela déjà! Nous vivons ensemble depuis 1973! Nous sommes mariés aussi près que dammit!

Elle: Oui. Mais c'est de mon libre will. J'ai une vie banale. Mais c'est une vie banale *volontaire* . . . Par le way, quand tu as proposé, tu savais la réponse en avance? Tu savais que je dirais, Pas sur ton nelly?

Lui: Naturellement.

Elle: Alors, pourquoi tu as proposé?

Lui: Pour te faire plaisir, chérie.

Elle: C'est très gentil . . . Tu sais, j'aimerais beaucoup une partie avec bubbly etc.

Lui: Mmm, moi aussi. Tell you quoi—lançons une partie *sans nous marier*!

Elle: Terrif! John et Susan vous invitent a une réception!

Lui: Sur l'occasion de leur non-mariage!

Elle: Ah, darling! Quel proposal romantique! La réponse est Oui!

Lesson Trois

Le 24-Heure Plumber

Monsieur: Vous voilà enfin ! Dieu merci !

Plumber: Savez-vous quelle heure il est ? Bleeding 4 am. Vous avez interrompu mon sleep de beauté.

Monsieur: Mais vous êtes un 24-heure plumber.

Plumber: Right, right. Mais nous avons un système spécial. *Vous* appelez le plumber. Le plumber vient 24 heures plus tard !

Monsieur: Je suis sorry. Je suis terriblement grateful que vous êtes venu. Maintenant, pouvez-vous réparer ce leak ?

Plumber: Quel leak ? Je ne vois rien. Rémovez vos mains.

Monsieur: Si je rémove mes mains, l'eau va couvrir le floor. Je suis ici depuis 3 heures, avec mon thumb dans le trou, comme le petit Dutch boy.

Plumber: Quel petit Dutch boy ? Vous avez appelé un plumber de *Hollande* ? Un Dutch cowboy plumber ? C'est le dernier straw.

Monsieur: Non, non. C'était une allusion récondite.

Plumber: Si vous dites so, squire. Maintenant, au travail ! Donnez-moi beaucoup de boiling water.

Monsieur: Eau bouillante ? Pourquoi ?

Plumber: Pour une tasse de char, of course.

Monsieur: Mais je ne peux pas laisser le leak.

Plumber: Demandez à votre femme de faire un cuppa.

Monsieur: Je . . . je n'ai pas de femme. C'est a dire, nous sommes séparés.

Plumber: Still et tout, vous pouvez lui donner une tinkle, lui demander à venir over et donner une main . . .

Monsieur: C'est bleedin' 4 am !

Plumber: Oh, je vois, je vois. C'est OK, un 24-heure plumber, mais une 24-heure femme c'est différent, hein ? . . . Avez-vous un calculateur de poche ? Rien de flash.

Monsieur: Un calculateur ? Pour calculer les mésurements ?

Plumber: Non. Pour préparer l'estimate. Je reviens demain pour faire le job.

Monsieur: Je ne peux pas rester toute la nuit comme ça !

Plumber: OK. Je fais le job maintenant. Donnez-moi boiling water, calculateur, tools, sandbags, blankets et un grand feu.

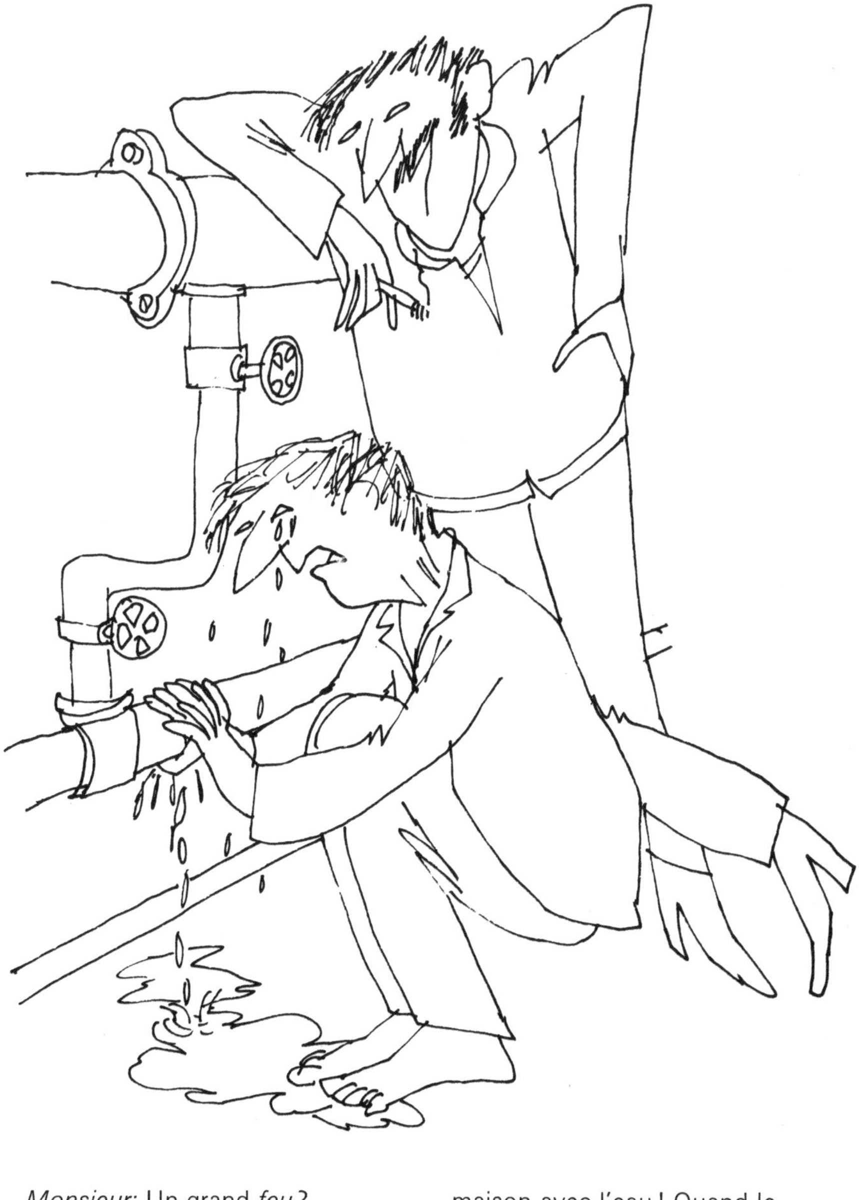

Monsieur: Un grand *feu*?

Plumber: Pour le soldering.

Monsieur: Mais si vous brûlez la maison . . .

Plumber: Fair est fair, guv. Quand la brigade de feu arrive, que fait elle? Elle ruine votre maison avec l'eau! Quand le plumber arrive, il brûle votre chambre. C'est justice poétique. (*Bleep bleep*) Ah, c'est mon bleeper! Un moment . . . Ah, sorry, mate. Il y a un grand job a Kensington Swimpool. Un superleak. Je reviens demain. N'oubliez pas le thé. Bye.

Lesson Quatre

Dans le Magasin de Sportskit

Monsieur: Je veux acheter un tracksuit.

Assistant: Bon, bon, bon. Nous avons beaucoup de lovely tracksuits ! Il y a le Cheap 'n' Vilain Jogsuit à £4.99, pour le un-off joggeur. Pour le joggeur qui est dans le PR, il y a le Postersuit à £8, avec mediaspace au dos. Il y a le Tracksuit Incognito à £15, avec hood, specs de soleil et fausse moustache, pour le bloke qui revient dans les petites heures de l'apartement de sa maîtresse, ou morceau de stuff. Il y a . . .

Monsieur: Je désire seulement un simple jogsuit. Pas de frills.

Assistant: Pas de sweat, pas de bother. Voila ! Le Frill-Free Jogsuit. C'est £16.99. Basiquement, c'est le même que le Jogsuit Adidas à £14.99.

Monsieur: Pourquoi les deux quid extra ?

Assistant: Pour couvrir l'expense de rémover le label Adidas.

Monsieur: Bon. Aussi, dans le trotsuit, je désire des poches très expansifs.

Assistant: Eh bien, il y a des poches. Il y a pocketspace pour un hanky, un latchkey, une carte de donor de kidney . . .

Monsieur: Non, non ! Dans mes poches je veux porter le

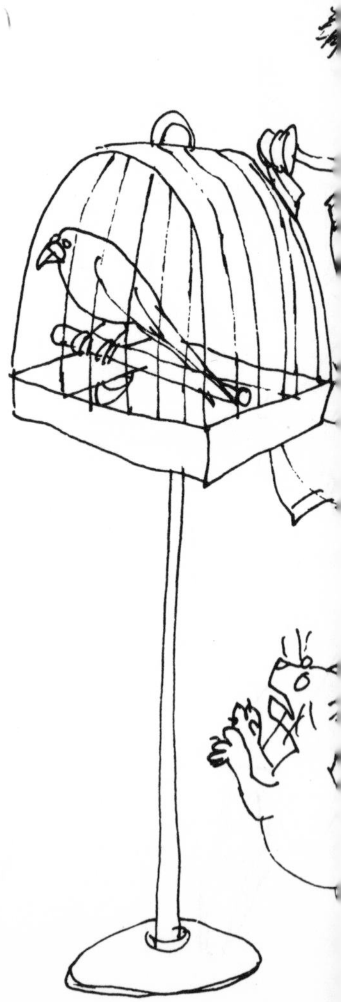

journal. Un paquet de cigares. Une bouteille de Scotch, comme Noir et Blanc, Professeurs, Cloches etc.

Assistant: Monsieur, vous n'êtes pas un sportsman sérieux !

Monsieur: Vous avez frappé le nail sur la tête. Je suis un malingéreur. L'exercise me dégoûte.

Assistant: Mais . . . mais pourquoi vous achetez un tracksuit, alors ?

Monsieur: Parce que ma femme est sous l'impression que je fais le jogging. Chaque soir, à 1800 heures, je laisse la maison. 'Au revoir, la femme !' je dis. 'Bon jog,' dit-elle. A 1802 heures je suis dans le snug bar du local avec un jar. A 1830 je reviens, avec un puff et un pant.

Assistant: Mais . . . si vous allez au pub, pourquoi vous désirez un jogsuit avec les poches pour le Scotch, etc. . . . ?

Monsieur: Parce que maintenant ma femme va au pub. Et moi, je vais au parc avec mon Scotch, etc.

Assistant: Mais . . . si votre femme est au pub, pourquoi pas rester chez vous pour un snifter silencieux ?

Monsieur: Parce que la budgie me déteste. À la retour de ma femme, elle dirait : 'He never went jogging !' Sale bête.

Assistant: Hmm. Vous êtes dans un no-go situation, monsieur . . . Ah ! J'ai la solution ! Ce tracksuit top a £3.99 !

Monsieur: Je ne vois pas . . .

Assistant: Pour mettre sur la cage de la budgie ! Pour cacher ses yeux !

Monsieur: Vous avez absolument raison. Voilà £3.99.

Assistant: Bon non-jogging, monsieur.

Lesson Cinq

La Téléphone Recordmessage

Monsieur: (*à la téléphone.*) Âllo ? Charles ?

Téléphone: Âllo. C'est Charles ici . . .

Monsieur: Bon. Look, lunch aujourd'hui, c'est un peu tricky . . .

Téléphone: . . . mais si vous voulez laisser une message . . .

Monsieur: Charles ? C'est vous ?

Téléphone: . . . parlez after the bleep. Merci. (*Il remplace la téléphone.*)

Monsieur: Oh, bougre. C'est une réponse-machine. Je déteste les réponse-machines. Les réponse-machines sont toujours plus intellectuelles que moi. Oh well. Jamais dire mourir. (*Il téléphone.*) Âllo ? C'est la réponse-machine de Charles ?

Téléphone: Âllo. C'est Charles ici. Je ne suis pas ici en ce moment—j'ai été remplacé par une machine ! Non, mais sérieusement. Je ne suis pas ici pendant mon absence mais si vous voulez laisser . . .

Monsieur: (*Il rehearse.*) 'Charles? Walter ici. Lunch est dodgy aujourd'hui.'

Téléphone: . . . votre nom et adresse . . .

Monsieur: (*Dress rehearsal.*) 'Quelque autre temps, vieux bean?'

Téléphone: . . . parlez after the bleep. Merci.

Monsieur: Charles, Walter ici. Pouvez-vous m'écouter? C'est la première fois que je parle à votre gadget. Testing. Un-deux-trois-quatre-etc. OK? OK. God, je déteste ces gizmos. Right, here nous allons. Charles, c'est Walter ici. Non, j'ai dit ça. La chose est . . . Oh, bougre! J'ai oublié ma message. Sorry, Charles. Call back dans un jiffy. (*Il remplace la téléphone.*) Damn, damn, trois fois damn. J'ai paniqué. J'avais stage-terreur avec une machine. C'est ridiculeux! . . . Cette fois, je vais *écrire* ma message, en avance. Un script, quoi. (*Il écrit. Il rehearse. Il téléphone. Il est confident.*)

Téléphone: Âllo. C'est Charles ici. Je ne suis pas ici en ce moment etc. . . .

Monsieur: Oui, oui! Je sais! Get on with it!

Téléphone: . . . after the bleep. Merci.

Monsieur: Bonjour, Charles. C'est Walter ici. Je ne suis pas ici en ce moment, mais c'est la calling-machine de Walter, pour dire que lunch, aujourd'hui, c'est un peu dodgy. Quelque autre temps, vieux bean?

Téléphone: OK. Jeudi?

Monsieur: Mon dieu! C'est une machine avec conversation! Un gadget de chit-chat!

Téléphone: Pas du tout. C'est moi, Charles. Je suis back. J'ai déactivé la machine. La machine a été remplacé par une personne. Ça, c'est le progrès.

Lesson Six

Le Public Speaking

Speaker: Mes lords, mes ladies, mes gentlemen, M. le lord mayeur, mes amis . . .

Chorus: Get on with it!

Speaker: Oui. Tonight, comme vous savez, est le 35ème anniversaire du fondement de notre organisation. Beaucoup de choses ont changé entre 1964 et 1981. Beaucoup d'eau a passé sous le pont. Nous avons eu une révolution sociale . . .

Chorus: Oui, oui, nous savons!

Speaker: Bon. Mais il y a une ou deux choses qui ne changent pas. Dans le hurly-burly de la vie, c'est très important que nous adhérons aux standards éternels: la charité, la générosité, la service . . .

Chorus: Plus VAT!

Speaker: Quite. Et notre organisation, qui a toujours . . . qui a toujours . . .

Chorus: Striven.

Speaker: Oui, striven . . . striven à . . .

Chorus: Uphold.

Speaker: Oui, à uphold les objectifs de nos fondateurs . . .

Chorus: Etc, etc.

Speaker: Merci. Eh bien, ce soir nous avons un guest speaker. Mais avant de l'introduire, j'ai deux choses très importantes à dire. Le Charity Disco. Il y a un Charity Disco le 17ème de next month. C'est essentiel que nous avons une bonne attendance. Madame Witherspoon et son wonderful gang de willing volunteers a travaillé *très* dur pour le success de cet undertaking, ainsi *beaucoup* de membres en attendance *svp*.

Chorus: Yawn, yawn.

Speaker: J'ai presque fini. L'autre chose, c'est la Dîner/ Danse dans le Regency Room de la Post House sur Midsummer Jour, avec la musique de Fred Rogers et les Bluecoats. C'est essential que nous avons une bonne attendance. John Gratton et son great gang de keen volunteers a travaillé très dur . . .

Chorus: OK, skip it!

Speaker: Bon. Maintenant nous venons au guest speaker, M. Manchester.

Guest Speaker: Muncaster.

Speaker: Quoi?

Guest Speaker: Mon nom est Muncaster.

Speaker: Bon. Je suis sûr que nous avons tous lu les livres de M. Muncaster . . .

Guest Speaker: Je n'écris pas les livres. Je suis un producteur de filmes.

Speaker: Alors, c'est mon grand plaisir d'introduire M. Muncaster, notre guest speaker. Oh, et une last chose. Le bar *doit* fermer à 11 pm. Sorry, mais le voilà. J'ai aussi une message. Le chauffeur d'une Cortina bleue RGS 765S, qui bloque le carpark, veut-il . . .

Chorus: Non! C'est assez! Get 'em off! Fiche-nous la paix! Blimey O'Reilly *etc, etc.* . . .

Lesson Sept

La Rénunciation de Smoking

Mari: C'est trois jours, huit heures et trente minutes.

Femme: Quoi, c'est trois jours etc?

Mari: Je n'ai pas fumé dans trois jours etc. Pas une seule cigarette. Pas une cigare.

Femme: Bon.

Mari: Bon? C'est smashing! Maintenant j'ai mon appétit et mon smell!

Femme: Oui, c'est vrai. Tu manges comme un cochon. Et tu fais ce sniffing infuriant tout le while.

Mari: (*Pause.*) Je suis dying pour un fag.

Femme: Résiste.

Mari: Mais je résiste, bon Dieu ! Tous les muscles dans mon body résistent ! Resister c'est une full-temps activité ! Sois fair.

Femme: OK, OK.

Mari: God, je suis dying pour un puff.

Femme: Tu as déjà trouvé des activités substitutes.

Mari: Oh yeah ? Comme quoi ?

Femme: L'aggro conversationnel. La monomania. L'over-eating. L'intolérance. L'obsession. Le fiddling avec les clés de voiture.

Mari: Tu veux que je résume le smoking ?

Femme: Non, mais . . .

Mari: Parce que c'est un saving énorme. Dans les deux décades que j'ai fumé, j'ai dépensé l'équivalent du defense budget de Monaco.

Femme: Qui va attaquer Monaco ?

Mari: Je ne sais pas. Liechtenstein ?

Femme: Tu crois que Prince Rainier a fait le stopping du smoking pour armer Monaco ?

Mari: Look—ce n'est pas le point ! Dans trois jours, huit heures et trente minutes j'ai fait le saving de £4.30 !

Femme: Et tu l'as dépensé en snacks, chewgum, bonbons et clés de voiture.

Mari: God, je suis dying pour un drag.

Femme: Tu n'es pas spéciale. Nous sommes tous dying.

Mari: Oh, très drôle, je ne crois pas—courtesy l'Oxbook de Cheap Quotes, je suppose.

Femme: Non, comme une matière de fact. Courtesy ce programme l'autre soir à la TV.

Mari: Ah, la télévision. Voila un drug, si tu veux ! Et si on faisait le giving-up de la TV ?

Femme: Ah non ! Pourquoi ?

Mari: Parce qu'elle produit la stupéfaction, le rotting de l'intellect, la nausée, le loss de l'appétit, la posture incorrecte etc. C'est comme le smoking.

Femme: Non, non, mais non ! (*Pause.*) God, je suis dying pour un programme.

Mari: Résiste.

(*L'argument continue . . .*)

Lesson Huit

Le Final de Cup

Maman: C'est fini ?

Papa: C'est fini, quoi ?

Maman: Le match. Le whatsit. La chose de Cup.

Fils: Oh, Mam ! Il n'a pas *commencé* ! Il commence à 3 pm.

Maman: Mais . . . maintenant il est 12.30. Pourquoi vous êtes là devant le box comme un gang de Muppets ?

Fils: C'est pour le build-up, Mam. Il y a les hautes-lumières du semi-final et du quart-final . . .

Papa: Le filme du policier sur le cheval blanc en 1926 . . .

Fils: Le final historique de Matthews . . .

Papa: Le chorus communal de 'Abidez avec moi' . . .

Fils: La présentation à Lady Di . . .

Maman: Ah ! Lady Di est là ? Elle est mignonne, la petite. Mais je ne savais pas qu'elle jouait au football.

Fils: Oh, Mam ! Elle ne *joue* pas. Elle donne un shake-hand aux 22 joueurs.

Maman: Pauvre petite. Ça commence, le heart-break de la routine royale.

Papa: Sssh ! On interviewe Jacques Charlton.

Maman: Pourquoi ?

Fils: Je ne sais pas. Toujours on interviewe Jacques Charlton. C'est une tradition perdue dans les mists du temps.

Maman: Incidentellement, qui est dans le Final ?

Fils: Pardon ?

Maman: Qui joue contre qui ? Il y a deux teams, non ?

Fils: Eeuh . . . je ne sais pas. C'est Ham de l'Ouest, n'est-ce pas, Papa ?

Papa: C'est vrai ? Je croyais la Forêt de Notts. Ou les Artilleurs.

Fils: Arsenal ? Jamais sur votre nelly.

Papa: Anyway, c'est sans doute dans le Temps du Radio. Ah, voila ! Les bandes massées des Regiments des Gardes.

Maman: Je n'écoute rien. C'est complètement inaudible.

Fils: Oui. Les fans chantent toujours pour rendre inaudible les bandes massées. C'est une tradition perdue dans l'histoire.

Maman: Charmant.

Papa: Une bière, son ?

Fils: Ta.

Maman: Donne-moi un shout quand Lady Di vient. Je vais faire mon knitting.

Fils: OK . . . Ah ! C'est Kevin Keegan qui donne ses pre-match pensées ! Cela signifie . . .

Papa: . . . que Southampton n'est pas dans le Final.

Fils: Correcte. Seulement 2 heures 20 minutes à aller . . .

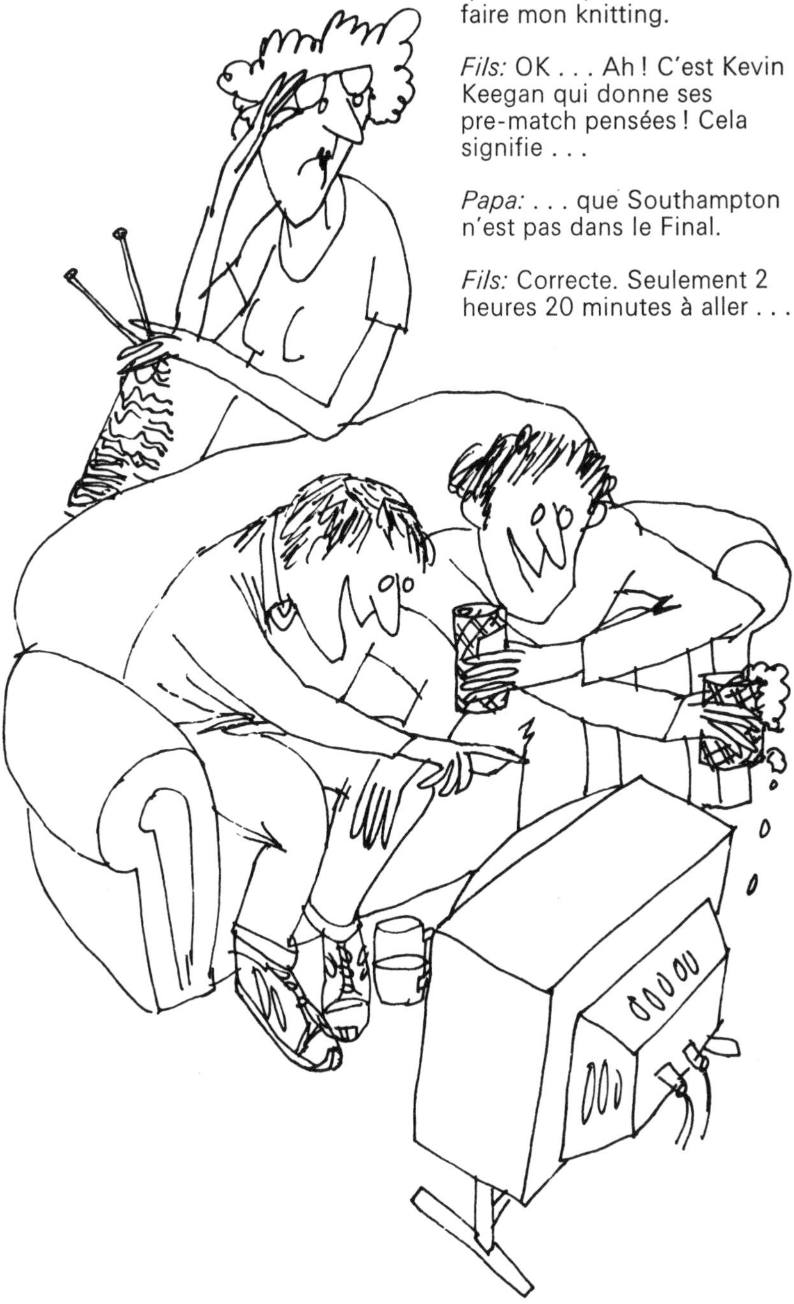

Lesson Neuf

Dans le Minicab

Chauffeur: OK, squire. Où nous allons?

Passenger: A Jameson Drive.

Chauffeur: Où?

Passenger: Jameson Drive.

Chauffeur: Oui, je sais. Je suis pas deaf. *Où* est Jameson Drive?

Passager: A Streatham.

Chauffeur: Streatham? C'est au sud du Thames, non?

Passager: Oui.

Chauffeur: Blimey. Ce n'est pas mon parish. Streatham est presque Brighton, n'est-ce pas?

Passager: Vous êtes un taximan ou vous n'êtes pas un taximan?

Chauffeur: Oui et non. Oui, je conduis un minicab. Non, je suis un plumber. Je fais un favour pour mon frère, qui est seul propriétiare de World Wide Cabs.

Passager: Comme une matière d'interêt, combien de cabs il y a dans World Wide Cabs?

Chauffeur: Deux. Mais l'autre chauffeur est dans un rock group et ils ont un gig ce soir.

Passager: Saint mackerel. C'est mon lucky soir. Oh well—vous avez un *A-Z*?

Chauffeur: Un quoi?

Passager: Oubliez-le. Simplement traversez le Pont de Chelsea, et après je vais vous donner des instructions.

Chauffeur: Pont de Chelsea. Pont de Chelsea. C'est le pont avec les fairy lumières, ou le pont featuré dans la Boat Race?

Passager: Vous êtes un Londoneur?

Chauffeur: Pas really. St Albans, c'est mon beat. Tenez, vous voulez aller a St Albans?

Passager: C'est gentil, mais non merci. Je vous dis quoi—

allez au bout de la rue et puis tournez à gauche.

Chauffeur: OK, mate. Vous êtes le boss. (*Pause.*) C'est comique. Le car ne commence pas.

Passager: Vous pressez le cigarette-lighter.

Chauffeur: Blimey. Silly moi ! OK, si *cela* est le lighter, et *cela* est la choke—non, un moment . . .

Passager: Êtes-vous un driver qualifié ?

Chauffeur: Sure ! Absolument ! Voilà ma licence.

Passager: C'est pour les juggernauts.

Chauffeur: Oui, mais . . .

Passager: Montez dans le back. Moi, je vais prendre le wheel.

Chauffeur: Suitez vous-même. Ah, incidentellement, si vous allez à Streatham . . .

Passager: Oui ?

Chauffeur: Droppez-moi à Victoria, voilà un pal.

Lesson Dix

La Conversation de Pub

Mon Host: Voilà, Reg. Un pint. 83p.

Régulier: 83p ! ! Dieu blimey. Flippin' enfer.

Régulier II: C'est une liberté. Je pense à transférer aux gums de vin.

Régulier I: Je pense à émigrer.

Régulier II: Emigrer ? Vous ? Où ?

Régulier I: Je ne sais pas. En Italie, peut-être. Où le plonk est cheapo-cheapo.

Régulier II: Et l'unemployment est 20%.

Régulier I: Je peux jouer pour Juventus.

Régulier II: Vous? Vous jouez au football comme un cheval de wagon.

Régulier I: Oui, mais je n'accepte pas les bribes! Le footballeur italien qui n'accepte pas les bribes, c'est très rare. Pensez à John Charles, le premier joueur anglais qui ait emigré. On l'a appelé Honnête Jean Charles.

Régulier II: Whoa là. Il n'était pas le premier. Le *premier* émigré anglais, c'est Jim Cambourne, qui fut transféré de Sheffield Mercedi à Real Madrid en 1952.

Régulier I: Un moment. Un moment. En 1937, Ted Fawkes, ex-Albion de Hove et Brighton, a joué pour Vanderlinck dans la Division II de Hollande. Ted m'a dit ça. Il est un vieux mate de moi. Il a joué parte-temps, mais even so. C'est le premier.

Mon Host: Pas si vite. Pas si vite. Je vais consulter le Bon Livre.

Tous: Le Bon Livre???

Mon Host: Le *Guinness Book d'Arguments de Pub.* Regardons . . . premier joueur . . . hmm . . . Ah! C'est le Right Honorable Rodney Stainforth qui, en 1887, fut transféré des Oxford Casuals au New York Fifth Avenue Smart Set XI. Il n'a pas joué personellement. Son valet l'a fait pour lui. Mais c'est un first.

Régulier I: Cor. Quel conversation-stoppeur. (*Pause.*) 83p. Quelle horreur.

Régulier II: En 1936, on pouvait prendre trois pennies et manger un cinq-course banquet. Avec champagne.

Régulier I: Still et tout, l'income nationale était seulement une average de £0/17/6.

Mon Host: Wrong, tous les deux. Dans le *Guinness Book d'Arguments de Pub* il dit que le cinq-course banquet en 1936 coûtait 17/6. Et que la wage nationale etait 14/-.

Régulier II: Ah. (*Pause.*) C'est un conversation-killer, ce livre. (*Pause.*)

Mon Host: Le brewery m'a envoyé une nouvelle cassette pour le background.

Tous: Ah non! Pas de musique! Pas les ex-copyright hits de yesteryear!

Mon Host: Non, non, ce n'est pas la musique. C'est une cassette de conversation de background. Essayons . . .

Cassette: 'Bonsoir, Reg . . . bonsoir, Major . . . bonsoir, tous. Un pint, s'il vous plaît. 83p? C'est très raisonnable. Vous avez vu le match à la TV? Diabolique. Et ce Tony Benn? Un twit. Et Ronnie Biggs? Bon vieux Ronnie . . .' (*Etc, ad nausée.*)

Lesson Onze

Le Théâtre: La Première Nuit

Punter: Tout le monde est ici.

Punter II: Pardon?

Punter: Everyone est arrivé. Tous les grands noms. Les grand-wigs. Anyone qui est quelqu'un. L'A-à-Z de showbiz.

Punter II: Ah, oui? Je ne vois pas de célébrités.

Punter: Non, pas les célébrités. Les critiques fameux. Voilà Henry Irving-Wardle des *Temps*. Michel Billingsgate du *Gardien*. L'homme de Kaleidoscope, déjà asleep.

Punter II: Critiques fameux? C'est une contradiction en termes. Les critiques sont des parasites, des hangers-on, des chasseurs d'autographes glorifiés. Ils sont les 12èmes hommes de showbiz. Il n'y a pas de critique fameux.

Punter: Clive Jacques?

Punter II: Clive Jacques est un Australien multi-talenté. Un freak de nature. C'est différent.

Punter: Hmm. Vous n'êtes pas un first-nighteur habituel, je le prends?

Punter II: Pas particulièrement. J'aime le théâtre, c'est tout. Sauf Shakespeare.

Punter: Sauf Shakespeare?? (Il fait le signe de la croix.) Vous blasphémez.

Punter II: Le Shakespeare *moderne*. Vous savez, *Hamlet* transposé à un factory moderne de bacon au Danemark. *Othello* dans un setting d'un Match de Test de cricket, avec Iago comme le selecteur bent. *Les Deux Blokes de Vérona,* etc.

Punter: Oui, c'est un peu vrai. Vous préférez les musicals, peut-être?

Punter II: Comme un trou dans la tête. Il y a deux sortes de musicals. 1) Les révivals, c'est-à-dire la nécrophilie, ou Oklahomicide. 2) Les musicals modernes, c'est-à-dire sans melodie, comme *Je mets mon acte ensemble, et je vais sur le road, mais je ne peux pas penser d'une title.*

Punter: Vous êtes un hard nut à craquer. Ah! vous voyez l'homme là? Très distingué? Avec toutes les nymphètes blondes, et les gens qui tirent le forelock, et un entourage d'admirateurs?

Punter II: C'est St Jean-Stevas?

Punter: Hardly. C'est un grand wheel du Council d'Arts.

Punter II: Le Council d'Arts? Je crache dessus! Je dis, mort au Council d'Arts!

Punter: Pourquoi ?

Punter II: Je ne sais pas. Parce que tout le monde le fait.

Punter: Dites-moi. Si vous êtes si désillusioné, et dépissé, pourquoi vous êtes ici ce soir ?

Punter II: Parce que je suis l'auteur du play. Et vous ?

Punter: Je suis le topman du Council d'Arts.

Punter II: Ah.

(*Silence jusqu'au rideau final*)

Lesson Douze

Dans la Cour du Magistrat

Magistrat: Next!

Clerc: E. J. Swithin, abode pas fixé. Drunk et desordonné.

Magistrat: Comment plaidez-vous?

Prisonnier: Guilty, avec circonstances extenuantes.

Magistrat: Comme quoi?

Prisonnier: J'étais délirieux avec le news du hammering que les Anglais ont donné aux Hongrois.

Magistrat: Il y avait 50,000,000 Anglais qui ont reçu le news sans être malade dans le gutter. Pas d'excuse. Fine de £50. Next!

Clerc: Cordelia Lear, abode pas fixé. Un peu de shoplifting.

Magistrat: Comment vous plaidez?

Prisonnière: Guilty, avec une belle excuse.

Magistrat: Allez, essayez-moi.

Prisonnière: Je suis hongroise. J'étais délirieuse avec grief après le 3-1 hammering.

Magistrat: Vous croyez que je fus né hier? £50 fine. Next!

Clerc: Lord Badham, de Badham Hall. Conspiracie internationale de drug-pushing.

Magistrat: Mon Dieu, c'est Buffy! Comment ça va, vieille prune?

Prisonnier: Pas mal, Jimbo. Peux pas plaindre.

Magistrat: Et que faîtes-vous maintenant?

Prisonnier: Oh, un peu de ceci, un peu de cela.

Magistrat: Bon, top trou. Eh bien, qu'est-ce que c'est que toute cette nonsense de droguerie?

Prisonnier: Rien. Absolument rien. Grosse erreur sur la part du fuzz. J'avais un paquet de cocaine dans ma poche, pour mon médicament personnel, et la douane a sauté à une conclusion incorrecte.

Magistrat: Ghastly pour vous, vieux chap. Discharge inconditionnelle. Donnez mon amour à Zuleika. Et le next!

Clerc: J. M. Fotheringay; adresse, Seat A43, le Shed, Chelsea. Tirage de la corde de communication dans un train, sans raison.

Magistrat: Eh bien?

Prisonnier: Monsieur, je suis un fan de soccer. J'étais dans ce train, right? Et je voulais savoir la score du match à Budapest, right? Eh bien, j'ai tiré la corde à Oxford et j'ai demandé au porteur.

Magistrat: A Oxford? Le samedi? Ah, c'était *vous*!? Moi, j'étais dans ce train, moi! J'ai été en retard pour *Roots* à la TV! Deux ans de prison ou fine de £800. Et le next!

Lesson Treize

A la Classe de Keep-Fit

Instructrice: Bonjour, monsieur. Vous êtes un beginner de keep-fit ?

Monsieur: Oui. Je suis un late starter.

Instructrice: Jamais trop tard, monsieur ! Maintenant, vous êtes un spécimen misérable avec un stoop, un cough de fumeur et la couleur de plâtre de Paris. Mais en quatre, oui seulement quatre ! (4) semaines, vous serez un Apollon, avec du printemps dans votre stride !

Monsieur: Eh bien, le fact est que je n'ai pas l'ambition d'être Apollon. J'ai des demandes assez . . . spécialisées.

Instructrice: Des requests *spécials* ? Le dernier type qui a demandé ça, je lui ai donné l'ordre de la botte !

Monsieur: Non, non. Je veux donner de l'after-care à ma physique, oui. Mais seulement à ma main droite et à mon bras droit. Donnez-moi un strong right arm, et je serai votre serviteur.

Instructrice: C'est curieux, cela. Si vous developpez seulement votre bras droit, vous serez lop-côté. Vous avez une raison ?

Monsieur: Oui. Vous voyez, dans trois (3) semaines, mon cousin vient chez nous passer quelques jours.

Instructrice: Je ne vois pas . . .

Monsieur: Mon cousin est un extroverte. Il est la vie et soul de la partie. Il est hail-fellow-bien-rencontré, thump sur le dos, cheer-up-il-n'arrivera-jamais-peut-être. Je le déteste.

Instructrice: Oui, mais . . .

Monsieur: Quand il arrive, la première chose qu'il fait c'est me donner une handshake de gorille. Vous savez, la hand-shake qui laisse tous les doigts comme une omelette ? Et la seconde chose, c'est me challenger au wrist-wrestling.

Instructrice: Le wrist-wrestling ?

Monsieur: Oui. Les elbows sur la table. Les mains claspées. Et puis, pouf ! Je me trouve avec 1) un bras presque fracturé 2) l'esprit humilié. Donc, je veux développer ma main et mon bras. Je veux écraser ce monstre. Je veux lui donner sa venir-uppance !

Instructrice: Monsieur, je n'approuve pas l'humiliation, et la dominance physicale. Ah, vous hommes ! Vous êtes si violents. Le keep-fit, c'est une activité pacifiste. Je suis contre la bombe, contre la guerre et contre le wrist-wrestling.

Monsieur: Mon cousin est aussi un chauviniste, espèce mâle cochon.

Instructrice: C'est vrai ?

Monsieur: Oui. Il dit toujours : comme-le-bishop-dit-à-l'actrice. Il fait le nudge ditto, wink ditto. Il donne des pinches aux derrières des jeunes filles.

Instructrice: Ah ! Le salaud ! La bête ! OK, vous gagnez. Je vais développer votre bras droit, et vous allez essuyer le floor avec votre cousin. Let's aller, buster !

Lesson Quatorze

La Commentaire de Wimbledon

Commentateur No. 1: Et welcome à Cour 23, où nous avons un encounter très absorbant, très adhésif, entre le seed No. 49, Grunt Smash de Tchécoslovakie, et l'outsider de Nouvelle Zélande, Bruce Jameson.

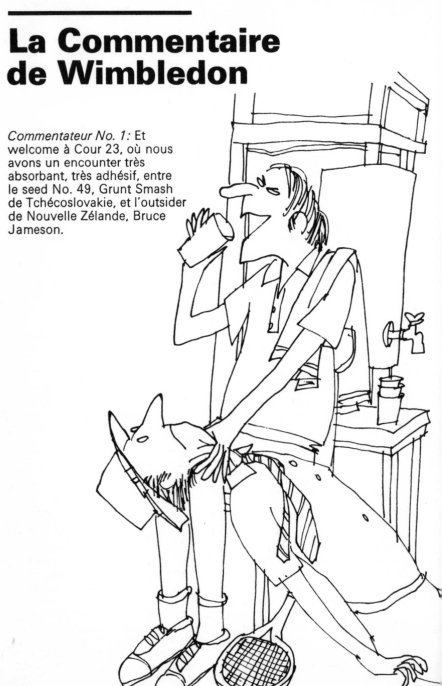

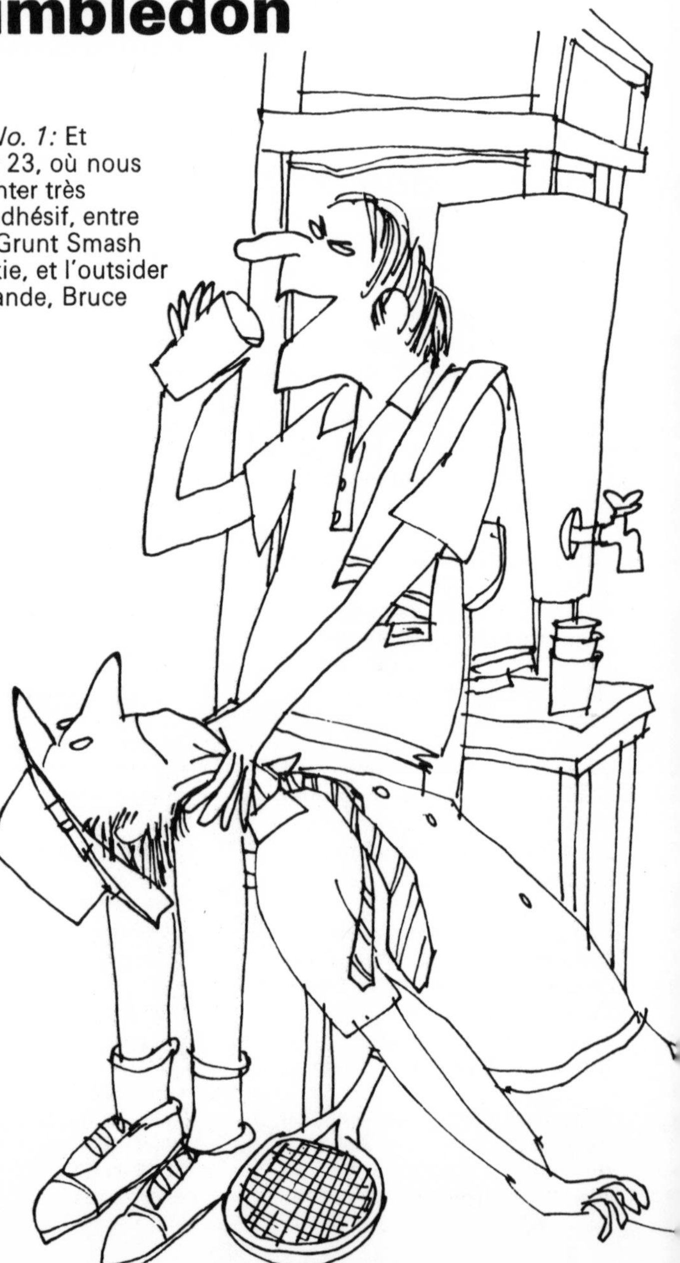

Commentateur No. 2: Et après quatre sets très gruellants, très grippants, la score est 7–6, 6–7, 7–6, 6–7. C'est une set-piece entre deux grands serveurs, n'est-ce pas ?

No. 1: Oh oui, absolument. Smash a une service fantastique très forte, très vite. Et la service de Jameson est comme un whiplash.

No. 2: Leurs services sont presque injouables.

No. 1: Il n'y a pas de réponse à des services comme ça.

No. 2: Et en fact, tous les deux hommes ont gagnés toutes leurs services.

No. 1: Oui. Nous n'avons pas vu un single return de service.

No. 2: Amazant.

No. 1: Incrédible.

No. 2: C'est peut-être un peu monotone.

No. 1: Oui, il y a un peu de . . . tedium ?

No. 2: Oui. Pour moi, c'est absolument soporifique.

No. 1: C'est une totale waste de temps.

No. 2: Mais tout de même, c'est très grippant.

No. 1: Très excitant. Et maintenant, c'est Smash à servir . . . Il prend la balle . . .

No. 2: Il la fait bouncer deux fois . . .

No. 1: . . . trois fois . . .

No. 2: Il regarde son opponent . . .

No. 1: Il va dans une petite trance . . .

No. 2: Et il fait sa service—et c'est une autre ace !

No. 1: Non, le juge de ligne a crié : Faute !

No. 2: Hmm. C'était une décision difficile. C'était très adjacent.

No. 1: Smash n'aime pas la décision. Il va à l'umpire. Ils échangent des mots furieux.

No. 2: Et Smash prend l'umpire par la gorge. Oh dear.

No. 1: Et maintenant il essaie de le throttler. Quelle shame.

No. 2: On sait que les top joueurs expériencent de grandes pressures, mais tuer un umpire, c'est excessif.

No. 1: Oui. Et maintenant l'umpire est mort. Il faut le remplacer, je suppose.

No. 2: Et mettre Smash sous arrêt ?

No. 1: Oui. Mais après le match, j'espère.

No. 2: Oui. Oh dear, quelle grande pitié. C'est un blot sur le match, cette assassination.

No. 1: Oui. Mais, sur l'autre main, c'est le premier moment de vrai interêt.

No. 2: Oui. Il y a toujours cela.

Lesson Quinze

Dans le Hardware

Hardwareman: Bonjour, monsieur.

Monsieur: Bonjour. Je désire un pen-knife.

Hardwareman: Un canif? Oui, m'sieu. Quelle sorte de canif?

Monsieur: Oh, rien très snob. Un commun ou jardin pen-knife.

Hardwareman: Comme cela?

Monsieur: C'est quoi?

Hardwareman: C'est le Waiter's Friend. Il consiste d'un cork-pull et une blade.

Monsieur: Vous n'avez pas quelque chose de plus ambitieux?

Hardwareman: Oui, m'sieu. Il y a le Deb Delight's Friend, avec cork-pull, blade et flash-camera. Il y a le Constable's Friend, avec cork-pull, blade et canister de gaz de larme.

Monsieur: Pourquoi un cork-pull dans un pen-knife de policeman?

Hardwareman: Pour remover les pierres des hoofs de chevaux de police.

Monsieur: Hmm. Vous avez quelque chose de plus ambitieux encore?

Hardwareman: Well, nous avons le canif d'Armée Suisse, avec seize (16) fonctions.

Monsieur: Seize (16) ? Comme quoi?

Hardwareman: Les nail-clippeurs, le screw-driveur, le tweezeur d'eyebrow, le comb, le mascara . . .

Monsieur: C'est un pen-knife *de l'Armée?*

Hardwareman: Oui. De l'Armée Suisse de Femmes.

Monsieur: Oh. Vous avez quelque chose de plus ambitieux même?

Hardwareman: Oui. Nous avons le pen-knife d'Armée Japonaise.

Monsieur: Pour le hara-kiri?

Hardwareman: Je vois que monsieur aime sa petite joke. Non, le pen-knife de l'Armée Japonaise comprise tous les avancements technologiques typiques de cette nation jaune et inscrutable. Les blades, un calculateur, un radio, un alarm avec snooze, un disco en stéréo d'état solide . . .

Monsieur: Non, merci. Vous n'avez pas quelque chose de plus sérieux?

Hardwareman: Nous avons le pen-knife d'Armée Afghane.

Monsieur: Huh ?

Hardwareman: Oui. C'est un canif sans blades, sans rien.

Monsieur: Je vois que vous aimez votre petite joke, vous aussi. Et cela ?

Hardwareman: C'est le pen-knife d'Armée Américaine, modèle Reagan.

Monsieur: Avec quelles spécialités ?

Hardwareman: Un stick de marijuana, Les Etoiles et Stripes, et une mini-barbeque.

Monsieur: Et ce petit knob rouge ?

Hardwareman: Non, monsieur ! Laissez-le !

(*Trop tard. Le hardwareshop disparaît dans une holocauste nucléaire.*)

Lesson Seize

A la Réception de Mariage

Le Catereur: Messieurs ! Mesdames ! Priez silence pour les speeches.

Les Guests: Ssh ! Encore un verre de bubbly, pour l'amour de Mike, etc.

Le Catereur: Le Meilleur Homme !

Le Meilleur Homme: Oui. Merci. Well. Nous sommes ici, aujourd'hui, pour célébrer le mariage de Nigel et Christine. Pour le couple heureux, c'est une occasion joyeuse. Pour moi, c'est une tragédie. Parce que j'ai fancié Christine quelque chose de rotten. (*Petit laughter.*) Et j'ai dit à Nigel, 'Que le best man gagne !' (*Petit laughter.*) Non, mais sérieusement. La cérémonie était fantastique. Ce n'était pas la Cathédrale de St Paul, exactement. Sur l'autre main, il y avait assez de seats pour tous les invités. (*Pas de laughter.*) Non, mais sérieusement. J'étais un ami de Nigel à Oxford. J'étais dans le même team de rugby avec lui. J'étais dans le même scrum. Moi, j'apportais les cigarettes, il avait la bouteille de Scotch. Et là, dans le privacy du scrum, on fumait un peu, on buvait un peu, on parlait beaucoup. Et Nigel me disait toujours : Un jour, je vais laisser ce scrum. Je vais faire le growing-up. Je vais rencontrer une fille parfaite. Et maintenant, il a rencontré Christine. C'est la réalisation de ses rêves. (*Applause.*) Et moi, j'ai rencontré les bridesmaids. Elles sont toutes de crackères ! Pauvre Nigel. Lucky old moi ! (*Absence complète de laughter.*) Yes, well. Maintenant, je vous donne le toast—la bride et groom !

Les Guests: Quel ghastly speech etc. !

Le Catereur: Le père de la bride !

Pere de la Bride: Pour moi, c'est wonderful de voir tous mes vieux amis ici. (*Cri de 'Vieux ? Parlez pour vous-même !'*) Il a été une occasion wonderful. Christine est une fille wonderful. Mais Nigel est aussi un garcon wonderful. Le weather, aussi, est wonderful. Et le catering, par Outside Meals de Cambridge, a été wonderful. Expensif, mais wonderful. (*Petit laughter.*)

Les Guests: Il est drunk, le vieux sot.

Le Catereur: Mesdames, messieurs ! Maintenant le groom va répondre.

Les Groom: Merci, tout le monde. Merci pour les gifts. Merci que vous avez trouvé le temps de venir. Merci à Tante Catherine, qui a fait les fleurs. Merci au Rev Flemming, qui a donné un sermon meaningful. Merci à mon père-en-loi, qui a footé le bill. Merci . . . (*Dix minutes de mercis* . . .) Et merci surtout à Christine ! (*Ovation.*)

Les Guests: Les speeches étaitent pathétiques. Le food était so-so. La marquée est trop petite. Le mariage ne va pas durer. Elle est une flirt. Il est un accountant. Mais le bubbly est libre ! Mangeons, buvons et soyons merry, car demain il y a le hang-over !

Lesson Dix-Sept

Sur la Fringe d'Edimbourg

Visiteur: Bonjour.

Box-office personne: Bonjour, monsieur.

Visiteur: Je veux réserver des tickets pour tous les événements de la Fringe. J'ai un nouveau world record dans mes sights ; je veux visiter tous les shows de la Fringe !

Box-office: Même le Théâtre de Mime Abo de Sydney, qui présente 'Colonial History seen as a Five Day Test Match' ?

Visiteur: Même le Théâtre Abo de Sydney etc.

Box-office: Holy Tattoo. En bien, c'est impossible.

Visiteur: Pourquoi impossible ? J'ai mes sprint-pumps et mon flask de Scotch.

Box-office: Voyez-vous. Il y a 471 attractions sur la Fringe. 37 ont collapsé dans le preview stage. 4 ont déjà transféré au West End. 6 one-man shows ont commis la suicide. Les Air Traffic

Controllers Players de Seattle ne sont jamais arrivés. Et le Gay Brecht Festival a eu un accident terrible.

Visiteur: Mon Dieu. Dites-moi the worst.

Box-office: Le Gay Brecht Festival jouait dans un bus-stop dans le Lothian Road. C'était intime mais effectif. Eh bien, hier soir le vent fut ghastly, non-stop, Beaufort No. 13½. Ce matin, les Gaybrechtiens étaient conspicueux par leur absence. Le bus-stop aussi.

Visiteur: Il n'y a pas une clue?

Box-office: Les coastguards dans le Firth de Quatrième ont reçu un appel de secours: 'Mayday, darlings!' Après, rien.

Visiteur: Par la Chaise d'Arthur, c'est horrible. Eh bien, j'ai changé mon mind. Donnez-moi un ticket pour la revue de Cambridge. C'est toujours sauf.

Box-office: Quelle revue de Cambridge?

Visiteur: Combien y en a-t-il?

Box-office: Cinq. La revue normale. La revue breakaway. La revue de Cambridge, Mass. Not the Cambridge Revue. Et la revue des Vieux Footlighters, qui étaient ici en 1980 comme sous-graduates et qui sont maintenant des gouverneurs de la BBC, mais qui rentrent nostalgiquement avec exactement les même gags.

Visiteur: Hmm. C'est difficile.

Box-office: Allez voir le 'Royal Wedding Revisited', presenté par le Motor Spare Parts Company de Redditch.

Visiteur: Pourquoi?

Box-office: Parce que c'est leur last night, et ils n'ont pas vendu un single ticket.

Visiteur: Hmm. Non, je vous dis quoi. Je prends un ticket complètement à random.

Box-office: OK. Fermez les yeux. Pas de cheating. Fermés? Bon. Prenez . . . Ah! Vous avez un ticket pour le 'Gay Brecht Festival Disaster' presenté par les Coastguard Players de Queensferry. C'est un nouveau show, mais très bon. Et le next!

La Cube de Rubik

Femme: Michel ?

Mari: Mmm ?

Femme: Parle-moi !

Mari: Mmm ?

Femme: Pendant trois jours solides, tu es là comme un dum-dum. Heure après heure, comme une pôle de totem. Avec cette cube. Cette chose de Rubik.

Mari: J'ai maintenant huit

morceaux verts. Le vert est presque complet. Mais si . . .

Femme: Michel ! C'est moi ! Ta femme !

Mari: Mais si je complète les verts, je vais ruiner les jaunes . . .

Femme: Je vois maintenant. C'est un enchantement. Cette cube a jeté un spell sur toi. Tu es le plaything de la cube, l'esclave de Rubik. Tu es devenu un zombie.

Mari: Ah ! Ce n'est pas vrai !

Femme: Non ?

Mari: Non, je ne vais pas ruiner les jaunes après tout ! Si je fais un twist . . . maintenant j'ai ruiné les rouges ! Bougre !

Femme: Oui, tu es un homme possédé. Un robot de Rubik. Rubik . . . Rubik . . . c'est un nom un peu Egyptien. Je suppose que Rubik fut le dieu-prêtre d'Egypte, et la cube était . . . deux pyramides ! Oui, c'est vrai ! Une cube, c'est deux pyramides cémentées ensemble ! La Grande Pyramide, c'est seulement une vaste cube de Rubik, semi-submergée dans la sable. Michel ! Écoute !

Mari: Mmm ?

Femme: J'ai découvert le secret de Rubik !

Mari: Moi aussi. Je suis presque là.

Femme: C'est inutile. Tu n'écoutes jamais.

Mari: Mmm ?

Femme: Je veux être divorcée. C'est fini.

Mari: Mmm.

Femme: J'ai été infidèle. J'ai été infidelè avec Paul. Et Bob. Et Brian. Et le milkman. Et le BBC Orchestre de Symphonie. Je prends les drugs. Je suis une mass-assassin. Les enfants ne sont pas tes enfants. J'ai caché Lord Lucan dans l'attic. Il est le père !

Mari: Ah ! Voilà ! C'est fini !

Femme: Quoi ?

Mari: J'ai fait la cube. Bon. Maintenant je peux la jeter dans le bin. Adieu, sale cube !

Femme: Adieu, sale . . . ?

Mari: Oui. Chérie, je t'ai négligée. Allons célébrer, avec champagne, et un steak dinner, et tout le bang-shoot !

Femme: Oh, oui !

Mari: Par le par, qu'est-ce que tu disais tout à l'heure ? De Bob et Brian ?

Femme: Oh, rien. Du gossip. Du flim-flam.

Mari: Bon. Get your manteau, get your chapeau . . .

Femme: . . . Laisse tes worries sur le door-step . . .

Ensemble: Seulement dirige tes pieds. Sur le sunny side de la rue !

(*Orchestre. Tap dance. Rideau. Crédits finals. Happy ending.*)

Lesson Dix-Neuf

Le Hard Sell

Le Rep: Bonjour, monsieur le petit shopkeeper !

Petit Shopkeeper: Bonjour.

Rep: Bon, bon ! Et comment sont la bonne dame, et les nippeurs, et la twinge d'arthrite ?

Shopman: Raisonnable, merci.

Rep: Bon, bon ! C'est un beau spot de weather, n'est-ce pas ?

Shopman: Non. Il pleut.

Rep: Oui, mais c'est bon pour le jardin, n'est-ce pas ? C'est un vent mauvais, je dis toujours . . .

Shopman: Look, j'ai tout mon VAT à faire.

Rep: OK. Well, cette mois j'ai quelque chose de fantastique. C'est un nouveau pizza produit.

Shopman: Une pudding pizza ?

Rep: Oui. Nous l'appelons Pizzapud. Il y a un choix de six toppings : Raspberry Romanoff, Banana Miracle, Tutti Frutti, Scotch Sundae, Coffee Toffee et Caramel Surprise.

Shopman: Scotch Sundae ?

Rep: Oui. So-called parce que c'est totalement vide ! Une petite joke. Well, never mind. Combien en voulez-vous commander ? 200 de chacun ?

Shopman: Je ne veux pas voir une single Pizzapud dans mon petit magasin.

Rep: Vous n'êtes pas sérieux ?

Shopman: Look. Avec votre dernière visite, vous aviez un nouveau wonder product. Le Vite-Fry Chinese TV Dîner.

Rep: Je ne me souviens pas . . .

Shopman: J'ai acheté 300. Vous voyez ce stack là-bas ? C'est 297 Vite-Fry Chinese TV Dîners.

Rep: Ah ! Vous avez vendu 3 ? C'est bon.

Shopman: Non. J'ai mangé 3. Ils étaient dégoûtants.

Rep: Look. Vous ne comprenez pas. Vous êtes un petit shopkeeper. Nous sommes Pakfud, la plus grande compagnie du monde. Si vous jouez hard to get, nous pouvons vous écraser comme ça. Pouf !

Shopman: Ah, vous me menacez maintenant?

Rep: Oh non, squire. c'est simplement que, si vous n'achetez pas la Pizzapud, votre magasin sera un no-go arrondissement. Une ruine. Toxteth-style.

Shopman: Vous dîtes ça chaque fois. Je ne vous crois plus. Maintenant, out!

Rep: Vous n'avez pas entendu le dernier de moi. (*Exit. Entre un client.*)

Client: Bonjour, M. le petit shopman. Une pizzapud, s'il vous plaît.

Shopman: Hélas, monsieur. Nous n'avons pas de pizzapud. Mais nous avons le Vite-Fry Chinese TV Dîner!

Client: Il y a de télévision en Chine?

Shopman: Oh, oui. Et c'est délicieux.

Client: Yum. Bon. Je prends 297.

Lesson Vingt

Dans le Folk Club

(*Applause.*)
Chanteur: Merci. Merci. C'était une chanson par Long Jean-Paul Sartre, appelée 'Vous ain't rien qu'une red-hot existentialiste Momma', avec lyriques additionnelles par Rambling Albert Camus. C'est sur mon nouveau album, 'Solidarité Blues'. Si vous voulez acheter mon nouveau album, 'Solidarité Blues', n'allez pas dans les record stores. C'est un rip-off capitaliste. Vous pouvez l'acheter ici, après le show, aussi en cassette, merci. (*Il joue une chorde sur sa guitare. Il fiddle avec les strings.*) OK. Quoi maintenant? (*Il consulte une liste.*) Oh yeah.

Maintenant je vais chanter un autre cut de mon nouveau album, 'Solidarité Blues', available à la porte. C'est une chanson que j'ai collectionnée dans le Caribbéen. Dans le summer j'aime à mener la vie simple, sur un island, avec la mère Nature. En 1980 j'étais sur l'île de Slugg, dans les Hébrides Intérieures. C'était horrible. Il y avait 84 habitants, et 79 étaient des chanteurs de folk. (*Il manipule les knobs de sa guitare. Il strumme un peu. La guitare est toujours off-target.*)

Yeah, well, c'était mind-bogglant. Il y avait 79 buskers dans l'île, right? Et un gendarme, right? Et chaque matin il faisait un tour de l'île, disant: 'Move along, s'il vous plait. Vous causez une obstruction. Le busking est défendu.' Sale fuzz.

So anyway, je pensais, en 1981 je trouverai une île dans le soleil, et je suis allé au Caribbéen. C'était great. Pas de moutons, pas de buskers, pas de pipes de bag. Et après un peu de bumming, je suis arrivé à Moustique. Oh, dat île dans le soleil. Quel paradis. (*Il essaie la guitare encore une fois. Inutile. Il l'abandonne. Il produit un banjo.*)

Yeah, well, so anyway, j'étais sur la plage un matin, écoutant le dawn chorus. En Moustique le dawn chorus est something d'else. C'est un chorus de parrots. Vous dormez sur la plage et soudain il y a ces voix: 'Wakey wakey, whitey! Montrez une jambe, trash blanc! Black est beau!' Yeah, well, très ethnique, fair enough. (*Il strumme le banjo. Il est discordant. Il ramasse une mandoline.*)

Et il y avait cette dame sur la plage. Petite, mais jolie. Blanche et anglaise. J'ai dit, 'How are you?' et elle a dit, 'One is very well.' Dialecte local, je suppose. Anyway, j'ai chanté deux chansons pour elle, qui étaient sur mon nouveau album, et elle a dit, 'Jolly bon.' 'Chantez quelque chose pour moi,' j'ai dit et elle a dit, 'OK,' et elle a chanté une chanson qui s'appelle 'Big Sister Blues'. C'est about cette dame qui a une grande soeur qui habite dans un palais et désapprouve le behaviour de sa petite soeur. C'est très triste. Je l'ai apprise par coeur, et maintenant la voici. (*Il commence à chanter. Tout le monde va au bar.*)

Lesson Vingt-et-Un

Dans le Bistro

Garçon: Monsieur est ready?

Monsieur: Oui, monsieur est ready. Monsieur le garçon est ready?

Garçon: Oui, monsieur.

Monsieur: Bon. Tout le monde est ready. Quel fun.

Garçon: Pour commencer, monsieur?

Monsieur: Le potage Quincy. Qu'est-ce que c'est?

Garçon: Un broth de cress d'eau et avocado, avec une infusion de pineapple, preparé avec stock de poisson.

Monsieur: Cher Dieu. Et black pudding a l'Hongroise?

Garçon: Monsieur, c'est un black pudding plain et simple, avec un coating de Gruyère et poivre, puis un morceau de bacon et des filets d'anchovy, avec jus de lemon.

Monsieur: C'est grotesque.

Garçon: C'est très populaire.

Monsieur: Pas dans ce neck des bois. Je vais commencer avec un hard-boiled egg.

Garçon: Oui, monsieur. Quelque chose avec votre egg? Dressing de cheese bleu? Salade de carotte? Seaweed sauté?

Monsieur: Non. Un egg. Nu. Complètement seul. Egg solo.

Garçon: Bon, monsieur. Et à suivre?

Monsieur: Veal Sebastopol. C'est quoi?

Garçon: Une escalope battue, roulée, déroulée, réroulée et puis stretched.

Monsieur: Ah, c'est une interrogation, hein? Vous donnez un hard time aux escalopes, un grilling, 3ème degré, quoi? Et elle parle, votre escalope?

Garçon: Non, monsieur . . .

Monsieur: Brave petite escalope! Quel courage pour un morceau de vâche! Et elle dit pas un mot sous torture!

Garçon: Puis l'escalope est marinée dans du yoghurt, puis elle est injectée avec du garlic, puis elle est ever-so-légèrement grillée, puis anointée avec une sauce de basil et cayenne.

Monsieur: Et *puis* elle parle, elle fait le spilling des haricots?

Garçon: Non, monsieur . . .

Monsieur: Bravo! Un héroisme sans parallel.

Garçon: Monsieur va prendre le veau?

Monsieur: Non. Monsieur va prendre un autre egg.

Garçon: Un egg? Comme main course?

Monsieur: Un egg. Un egg de chicken. Pas un egg de gull, pas une omelette à 34 herbes, pas un egg mariné dans Marsala. Un egg sur son tod. Tout seul. Unaccompanied egg. Comme ça, il n'y a pas de risque.

Garçon: Bon, monsieur. Et à boire? Vous voulez le wine list?

Monsieur: Non. Je veux de l'eau.

Garçon: Oui, monsieur. Perrier, Malvernois, Vichy, Pétain, Laval . . .

Monsieur: Eau de tap.

Garçon: Bon, monsieur.

Monsieur: Et ne torturez pas mon egg.

Lesson Vingt-Deux

Dans L'Autoshop

Monsieur: Vous vendez les accessoires de motoriste?

Assistant: Oui, monsieur.

Monsieur: Bon. Donnez-moi un carb-intake-jet-filter-plug.

Assistant: Ah, monsieur, nous ne sommes pas un garage. Notre stock n'est pas pour le car—c'est pour le *motoriste*.

Monsieur: Eh? Comme quoi?

Assistant: Les dangle-soccerboots, les gants de sheepskin, le headrest, le wire hanger avec change de jacket pour les sales reps, le stéréo, les quad-earphones . . .

Monsieur: Earphones en *quad*? Pour ça il faut quatre oreilles, non?

Assistant: Non. Deux earphones dans les oreilles, deux attachés aux jambes. On me dit que c'est une sensation all-over; érotique, même.

Monsieur: Mon Dieu. Penser que j'ai passé 40 ans sans avoir quadphones et dangleboots. Quelle vie sans meaning.

Assistant: Monsieur peut être sarcastique si monsieur veut, mais il y a beaucoup de demande pour les autocomforts.

Monsieur: Autocomforts? Dieu me donne du strength. Et quelles nouveautés avez-vous pour 1982?

Assistant: Nous avons une grande range de Rubik Cubes pour le motoriste. La dangle-cube. La sheepskin cube. La cube en leatherette. La cube avec covers de tartan.

Monsieur: Jésus.

Assistant: Monsieur peut blasphémer si monsieur veut, mais ils vont très bien. Et il y a cette téléphone de voiture . . .

Monsieur: Une phone dans le frontseat ? J'en ai besoin comme d'un trou dans la tête. Etre dans un traffic jam, c'est déjà atroce ; être dans un traffic jam avec un crossed line, c'est unimaginable.

Assistant: Ce n'est pas just une phone ; c'est un call-box. Oui, pour la première fois, une coin-phone dans la voiture ! Un fun-thing. Calls sur wheels !

Monsieur: Oh, great. Terrifique. Vous installez une coin-phone dans le car. Vous laissez le car pendant deux heures. Vous rentrez. La phone a été vandalisée. Quelqu'un a écrit 'RITA BLONDE MODEL 262 6767' partout. Et il y a une odeur de Glasgow, samedi soir.

Assistant: Monsieur peut être scathing si monsieur veut . . .

Monsieur: Et vous téléphonez en route. Vous diallez. Une voix dit, 'Âllo, Rita ici.' Vous mettez 10p. Le 10p tombe par le trou. Il tombe dans vos socks. Vous baissez pour le trouver. Vous traversez la réservation centrale. Pouf !

Assistant: Si monsieur ne veut rien acheter . . .

Monsieur: Je prends le hint. Au revoir et merci pour rien.

Lesson Vingt-Trois

Le Salesman d'Insurance

Salesman: Bonjour, monsieur!

Monsieur: Bonjour.

Salesman: M. Didcot?

Monsieur: Non. M. Didcot a émigré au New Wales de Sud en 1979. Un nouveau start en vie.

Salesman: Ah. Et vous êtes . . . ?

Monsieur: M. Latimer.

Salesman: Eh bien, M. Latimer, M. Didcot était un *très* bon client de notre compagnie . . .

Monsieur: Quelle compagnie ?

Salesman: Le Rock Solid Life Company. Quel âge avez-vous ?

Monsieur: 45.

Salesman: 45 ! Parfait ! Nous avons juste le policy pour vous. C'est un all-over, quids-in, no-worry policy. *Vous* payez 40p chaque semaine. *Nous* payons £600,000 à l'âge 65.

Monsieur: Bon.

Salesman: Si vous êtes mort.

Monsieur: Mauvais. Je ne suis pas marié, et je n'ai pas prochain de kin.

Salesman: Ah—j'ai juste le policy ! C'est le Lone Swinger, Good Time Policy. *Vous* payez seulement 10p par semaine. A l'âge 60, *nous* jetons un monster party pour vous et 500 guests, champagne, avec go-go filles !

Monsieur: Et si je suis mort ?

Salesman: Le même, mais un party de funeral.

Monsieur: Je n'aime pas le party-going. J'aime seulement mon travail.

Salesman: Et pour vous il y a l'exacte policy, ici dans mon sac de Samsonite . . . oui, ici. Le Top-Exec, tous-profits, super-manager policy, avec sandwiches. *Vous* payez £20 chaque mois.

Monsieur: C'est tout ?

Salesman: Oui. Ah, non. A l'âge de retirement, nous vous donnons un job !

Monsieur: J'ai déjà un job pour la vie.

Salesman: Meaning . . .

Monsieur: Je suis le chairman du Supersafe Life Company, le plus grand insurance firm du pays.

Salesman: Gulp. Well, voilà un policy très amusant. *Vous* payez £1,000 par semaine.

Monsieur: Et à l'âge 60 ?

Salesman: Nous faisons un flit de minuit !

Monsieur: Ha, ha. Très drôle. Maintenant, j'ai la reste de ma via à conduire, *si* vous n'avez pas une objection.

Salesman: Non, un moment, un moment. Dites-moi, M. Latimer, avez-vous des vacancies à Supersafe ? Rock Solid est un bum firm. Il est sur le brink de désastre.

Monsieur: Quel cheek. Vous voulez m'insurer avec un firm qui collapse ? Vous pouvez vendre un no-hope, last-gasp, dans-le-drain policy ?

Salesman: C'est mon job.

Lesson Vingt-Quatre

La Lesson de Ski

Mary: C'est glorieux!

Jenny: Oui. La neige, comme wool de coton . . .

Mary: Le soleil, comme un grand verre de Cointreau . . .

Jenny: Le ciel . . .

Mary: Werner . . .

Jenny: Qui est Werner?

Mary: Notre instructeur de ski. Regarde; le voilà maintenant.

Jenny: Ah! Qu'il est beau.

Mary: Qu'il est hunky.

Jenny: Qu'il est blissful.

Werner: Guten morgen, tout le

monde. Je suis Werner, votre hunky instructeur, et cette chose hier—wissen Sie was es ist, actuellement?

Jenny: Quel lingo parle-t-il?

Mary: Search-moi, squire.

Werner: C'est un ski. Vous avez zwei (2) skis. OK. Skis auf!

Jenny: Was? I mean, quoi?

Mary: Skis on.

Jenny: Monsieur, pouvez-vous m'aider? C'est très difficile.

Werner: Natürlich, meine kleine demoiselle. Comment tu t'appelles?

Jenny: Jenny.

Werner: Quel joli nom! (*Dans un whisper.*) Ce soir. Rendezvous. Dans le bar. A 2200 heures.

Jenny: Hm. Peut-être.

Mary: Que dit-il?

Jenny: Il fixe une date.

Mary: Blimey. Il travaille vite.

Jenny: Il se fancie quelque chose de rotten.

Mary: Mais il est adorable.

Werner: OK! Vous avez maintenant vos skis en position. Next, les sticks.

Mary: Monsieur, je ne vois pas exactement . . .

Werner: Wie so, fraülein. Et ton nom est . . . ?

Mary: Lena Zavaroni.

Werner: Quel nom délicieux! Comme une soupe Italienne. (*Dans un whisper.*) Ce soir? Au bar? A 2300 heures?

Mary: Oui, si vous êtes fini avec votre previous business.

Werner: Et maintenant, tout le monde—regardez. Le premier mouvement—aaaagh! (*Il tombe. Il ne se lève pas. Il s'est cassé la jambe. Un stretcher le remporte.*)

Mary: Eh bien, bye bye, Werner, et bye bye romance.

2eme Instructeur: B'jour, tout le monde! Je suis Barry, votre hunky substitu pour Werner, qui s'est cassé la flammante jambe. Quel drongo!

Jenny: Qu'il est beau!

Mary: Qu'il est édible!

(*Etc, etc, pour deux (2) semaines.*)

Lesson Vingt-Cinq

Sur le Demo

1er Marcheur: PAS DE BOMB ! PAS DE BOMB !

2ème Marcheur: Pas de bomb. Pas de bomb.

1er Marcheur: NON À VIOLENCE ! THATCHER MORTE !

2ème Marcheur: Non à violence. Thatcher morte.

1er Marcheur: LA CND COMMITTEE DE STOKE POGES ARTS ET CRAFTS FESTIVAL DIT, PAS DE BOMB!

2ème Marcheur: Le Ways et Means Committee de Vladivostok dit, pas de bomb.

1er: Pardon?

2ème: Pardon quoi?

1er: Vous avez dit—Vladivostok.

2ème: Oui. Vladivostok est mon neck des bois.

1er: Ee, par heck. Vous êtes loin de home.

2ème: Oui. 2,000 milles, comme le corbeau vole.

1er: Mais . . . mais vous êtes russe. Pourquoi vous venez sur un demo anglais?

2ème: Stands to raison. Si *vous* êtes contre le bomb anglais, *moi*, je suis doublement contre le bomb anglais. VOTEZ BENN!

1er: Il y a beaucoup de russes ici?

2ème: Pas beaucoup. 30,000 or 40,000. Pas plus. C'est un day trip.

1er: Day trip? Vous venez ici en charabancs etc.?

2ème: Oui. Comme vous.

1er: Quelle liberté diabolique.

2ème: La liberté est diabolique? C'est un concept curieux.

1er: Ne devenez pas smart avec moi, mate. Si vous voulez aller sur un demo, allez sur un demo en Russie.

2ème: Aller sur un anti-bomb demo en Vladivostok, c'est difficile. Presque impossible. C'est pour ça que nous venons en Angleterre.

1er: Hmm. Et vous êtes contre le bomb russe aussi?

2ème: Oh, oui. BREZHNEV OUT!

1er: Hmm. Pour moi, c'est très puzzling. I mean, le CND russe . . . je n'avais jamais pensé . . .

2ème: Marquez-vous, je ne suis pas *très* contre le bomb anglais . . .

1er: Et pourquoi pas?

2ème: Il n'y a pas beaucoup de danger. Le gouvernement anglais a seulement un bomb. Et il ne va jamais le depositer sur Moscou.

1er: Pourquoi pas?

2ème: Parce que le gouvernement anglais est si secretif, si hush-hush, que personne ne sait où il est. Même le gouvernement.

1er: C'est vrai? Comment vous savez ça?

2ème: Ah. J'ai mes ways et means. VLADIVOSTOK DIT NON AU BOMB!

1er: Et Stoke Poges aussi. Je suppose.

Lesson Vingt-Six

Dans le Photocopie Shop

Assistant: Monsieur?

Monsieur: Oui. Je désire une copie de ce document.

Assistant: Ce document avec HAUT SECRET stampé sur le top?

Monsieur: Oui. Et TOTALEMENT CONFIDENTIEL stampé sur le bottom.

Assistant: Bon . . . C'est légal?

Monsieur: Quoi, c'est légal?

Assistant: La réproduction d'un document marqué HAUT SECRET.

Monsieur: Oh, oui. C'est pour mon business.

Assistant: Bon . . . Quel est votre business?

Monsieur: Je suis un spy. Maintenant, une copie, svp.

Assistant: Oui, monsieur . . . C'est un diagramme, n'est-ce pas?

Monsieur: Oui. C'est le plan du nouveau sub Polaris. View intérieur. Chic, n'est-ce pas?

Assistant: Look, je ne suis pas dans mon depth ici. Vous êtes un spy. Vous avez le plan du Polaris. Vous désirez une copie. Et c'est normal?

Monsieur: Oui. Je suis un spy de la magazine *Idéale Maison*. Le kitchen du Polaris est absolument way ahead, un kitchen knock-out, *le* kitchen des 80s. Donc, *Idéale Maison* veut faire un splash feature sur le Polaris cooking area. Regardez le oeil-level griddle-plateau.

Assistant: Fabuleux.

Monsieur: Et le dispensateur de croissants.

Assistant: Oh, c'est super.

Monsieur: Et le grogomat, une Navy invention!

Assistant: Terrif!

Monsieur: Alors, une copie, svp.

Assistant: Tenez vos chevaux. Just un moment.

Monsieur: Vous avez une objection?

Assistant: Oui. Dans le kitchen, il n'y a pas d'extracteur d'air pour les grotty smells de cabbage, spam, chipolates et fry-ups similaires.

Monsieur: Hmm. C'est vrai. Mais dans un sub, vous savez, l'extraction d'air est tricky. Si vous extractez l'air, et laissez un trail de bubbles dans l'ocean, le Navy USSR dit: 'Ah, le cooking anglais! Quelle espèce de giveaway.'

Assistant: Très vrai, très vrai. Ah, c'est compliqué, le cooking dans une guerre alerte situation.

Monsieur: Vous ne kiddez pas. So, une copie?

Assistant: Coming up maintenant, monsieur.

Lesson Vingt-Sept

Le Meeting du Board

Chairman: Messieurs, welcome à ce board meeting de Flexi-Souvenirs et Cie Ltd.

Wilkins: Merci, Chairman.

Chairman: Shut up, Wilkins. Eh bien, comme vous êtes aware, nous avons un problème ginorme. Nous avons un stockroom qui contient (a) 2,000,000 mugs de Charles et Di. (b) 2,000,000 boîtes de thé Earl Gris, avec les likenesses de Charles et Di. (c) 2,000,000 boîtes de biscuits avec la couple heureuse ditto. Les souvenirs de mariage sont un drug sur le market. Nous sommes ruinés, si on ne peut pas les shifter.

Wilkins: Chairman, j'ai une idée brillante. Pourquoi pas incorporer le thé, les mugs et les biscuits en un *tea-time faites-le-vous-même kit* !

Chairman: Wilkins, vous êtes un idiot. Quelqu'un d'else ?

Exécutif: Peut-on faire un dumping des souvenirs sur le 3ème Monde ? Faire un deal avec Oxfam, peut-être ?

Chairman: Hmm . . . possible.

2eme Exécutif: On peut les vendre comme props de théâtre pour les filmes, drames etc. ? Avec un setting de 1980, natch.

Chairman: Hmm . . . possible.

Wilkins: Est-ce que vous avez une suggestion, vous, Chairman ?

Chairman: Wilkins, vous êtes un impudent. Regardez-le. Oui, en effet, j'ai une idée.

Tous: Mon Dieu ! Terrif !

Chairman: Si nous faisons une extra inscription sur les souvenirs : SOUVENIR DU BÉBÉ ROYAL.

Tous: (*silence*).

Chairman: Vous n'approuvez pas ?

1er Exécutif: Oh oui, Chairman, c'est une conception cosmique, mais c'est un peu . . . un peu . . . cheapo-cheapo.

Chairman: Oh, c'est comme ça, eh ? C'est un coup d'état ? Un take-over bid ?

1er Exécutif: Non, Chairman, mais . . .

Chairman: Regardez la compétition. Wedgwood a annoncé un pot de chambre royal. Hamleys ont annoncé une range de corgis qui disent Maman. Heinz va produire des boîtes de bébé food royal—venison, grouse, fillet de swan, etc. Et nous—QU'EST-CE QUE NOUS FAISONS ?

Wilkins: Chairman, c'est un shot dans le noir, une idée du top de ma tête, mais—si nous vendions les mugs, biscuits et thé comme un tea-set de kiddy ?

Chairman: Wilkins. Vous êtes un génie. C'est une idée de simplicité breathtaking. Avec un portrait de Papa et Maman sur le lid. Je l'aime !

Wilkins: Merci, Chairman.

Chairman: Shut up, Wilkins. C'est mon idée maintenant.

Lesson Vingt-Huit

La Bibliothèque et le Livre dans une Overdue Situation

Monsieur: Monsieur . . .

Librarien: Oui ?

Monsieur: J'ai ce livre sur loan. C'est 'Heureux Jim', par Kingsley Amis.

Librarien: Bon. Vous le retournez ?

Monsieur: Oui. Il a été sur ma conscience.

Librarien: Conscience, eh? Vous avez versé Nescafé dessus? Il y a des missing pages? Le chat a fait une piddle la-dessus?

Monsieur: Non, non, c'est A1 chez Lloyd. Tout est ship-shape, façon de Bristol. Mais c'est un peu . . . en retard.

Librarien: Voyons. La date de retour est . . . mon Dieu. Le 14 Novembre 1967.

Monsieur: Oui. Il est, comme je disais, un peu en retard.

Librarien: Et comment! Combien de fois vous avez lu le livre? 200? 500?

Monsieur: Pas exactement. A être brutalement honnête, je ne l'ai pas lu du tout.

Librarien: Le livre est chez vous depuis 1967? Et vous ne l'avez pas commencé? Tenez, vous êtes un slow-reader.

Monsieur: Non, ce n'est pas ça. Mais le livre est allé missing. Perdu. Walkabout. Disparu.

Librarien: Ah, monsieur, les livres ne peuvent pas marcher. Ils ne prennent pas un constitutionel. Ils sont en hibernation permanente.

Monsieur: Oui, je sais. Il était caché derrière un autre livre sur le shelf. 'Gâteaux et Bières' par Maugham, actuellement.

Librarien: Bon. Eh bien, il y a une penaltie financielle.

Monsieur: Une amende? Oh. Combien?

Librarien: Un moment. Il faut mon calculateur de poche. 14p par jour . . . 14 années . . . *plus* trois leap years . . . ca fait £715.

Monsieur: *£715* . . . Mais c'est impossible.

Librarien: Pas du tout. Pour nous, votre livre représente un investment considérable. C'est comme un policy qui mature.

Monsieur: Mais pour moi c'est comme le bankruptcy!

Librarien: Tough.

Monsieur: N'avez-vous pas une amnestie?

Librarien: En 1978, oui. Une amnestie complète. Nous avons reçu 600 livres, une encyclopédie Britannique, une table, deux chaises et quelques shot-guns. Mais c'est fini maintenant.

Monsieur: En ce cas, je laisse sans payer.

Librarien: Doris! Sheila! Ne laisse pas sortir ce gentleman!

Monsieur: En ce cas, je demande une extension pour le livre.

Librarien: Vous voulez *prolonger* le loan period?

Monsieur: Oui. Maintenant, je vais lire le livre. Et puis je vais rentrer payer le £715.

Librarien: En trois semaines.

Monsieur: Ou en 14 années. Au revoir jusqu'à 1996.

Lesson Vingt-Neuf

La Monologue Victorienne

C'était jour de Noël dans
l'Antarctique,
Le jour le plus froid de tout,
Et Santa dit à ses reindeers,
'Je suis périssant froid—et
vous?'

'Nous likewise,' disaient les
reindeers,
'C'est 40 degrès below,
Le TV set est busted,
Et il n'y pas de *Parkinson
Show*.'

'Je sais!' dit Papa Christmas,
'Allons en Australie!
C'est seulement 2,000 milles
Au pays du billabong tree.'

Père Noël et tous les reindeers
Partirent sur leur petit trip;
Un spot de lunch sur la plage,
peut-être,
Et après—pourquoi pas?—
un dip.

Barry et sa femme Sheila
Croyaient qu'ils étaient fous.
Des *reindeers* ici à Sydney?
Mais c'était flaming true.

Les reindeers avaient leurs
Fosters,
Père Noël un bowl de punch.
'Je vois que vous êtes Aussie,'
dit Barry,
'Vous prenez un liquid
lunch!'

Sheila leur donna du turkey,
Qu'ils mangeaient très bien,
Sauf Ernest, un des reindeers,
Qui fut végétarien.

Père Noël prit son dip dans le
briny,
Son beard était dripping wet!
Et les reindeers parlaient shop
avec Barry,
Qui était le local vet.

Ils rentrèrent tous à
l'Antarctique,
Le pays des singes de cuivre,
Mais leur vol de retour fut
wobbly,
Parce que tous les reindeer
furent ivres.

'Même chose next year,' dit
Santa,
'Mon Dieu, je déteste le
snow !
Les Aussies ont tout à fait
raison ;
Vivre ici—c'est idiot !'

Heigh ho !' dit Santa, 'C'est
tea-time,
Il faut que nous partions.
Dites merci à Barry et Sheile.
Maintenant, où sont mes
gants ?'

C'était jour de Noël dans
l'Antarctique,
Le jour le plus ghastly de tout,
Et Santa dit à ses reindeers :
'Roll on, 1982 !'

Lesson Trente

Les Lettres de Thank-You

Maman: Tu as fait tes lettres de thank you ? Pour les gifts de Noël ?

Petit: Oui, Maman.

Maman: Laisse voir.

Petit: C'est-à-dire, je suis dans une near-completion situation.

Maman: Laisse voir.

Petit: Non, je n'ai pas commencé.

Maman: Oh, Bobby ! C'est presque mid-janvier, et tu n'as pas écrit tes lettres pain-et-beurre ! Tu n'avais que huit à faire.

Petit: Neuf, avec Granny.

Maman: Oh, horreur ! Tu n'as pas écrit à Granny ? Mais j'ai expliqué pourquoi c'est si important d'écrire à Granny, au Jour de Pugilisme, si possible.

Petit: Parce que Granny est riche, et elle va popper ses clogs.

Maman: Où tu trouves ces expressions ? Non, ce n'est pas pour ça. Eh bien, c'est un peu pour ça. Mais surtout c'est pour la politesse. Pauvre Granny. Elle habite toute seule. Une letter de toi, cela fait beaucoup de différence.

Petit: Mais j'ai donné un gift a Granny. Un Superman diary pour 1982.

Maman: So quoi ?

Petit: Eh bien, a-t-elle écrit une lettre de thank-you à moi, eh ? Où est *ma* lettre de Granny ?

Maman: C'est différent.

Petit: Oh, oui, c'est différent. Je suis jeune, et je ne suis pas riche, et je n'ai pas fait un will. Donc, nulle lettre de Granny.

Maman: Oh, Bobby.

Petit: Et moi aussi, j'habite tout seul. Une lettre de Granny, ça ferait toute la différence.

Maman: Tout seul ? Mais tu habites chez Papa et moi !

Petit: Papa et toi, c'est gentil, mais ce n'est pas company pour un growing lad.

Maman: Quelle horreur ! En tout cas, c'est irrélévent. ECRIS À GRANNY ! C'est facile. 'Chère Granny, Merci pour le . . .'

Petit: Pour le . . . ?

Maman: Que t'a-t-elle donné ?

Petit: J'ai oublié.

Maman: Moi aussi. Oh well, écris : 'Chère Granny, Merci pour ton super gift', et puis tout ton news.

Petit: 'Chère Granny, merci pour le gift, à Noël j'ai été malade comme un chien, Papa m'a battu pour mon cheek . . .'

Maman: Bobby ! Je perds ma patience. C'est ton dernier warning. ECRIS À GRANNY !

Petit: OK, chief.

Lesson Trente-et-Un

Un Interview avec Votre Manager de Banque

Manager: Ah, bonjour, M. Dobbins. Glad de vous voir.

Monsieur: Nice de vous voir, de vous voir nice.

Manager: Well, oui. Je vais venir directement au point, M. Dobbins. Je ne vais pas battre autour du bush. Je ne suis pas satisfait avec le handling de votre account. Le level de votre borrowing est inacceptable.

Monsieur: Pouvez-vous être plus spécifique ?

Manager: Certainement. La limite de votre borrowing, comme negotiée, est £400. Votre overdraft est à present £8,931.75.

Monsieur: Je suis très sorry.

Manager: La pénitence n'est pas suffisante.

Monsieur: Vous avez une suggestion ?

Manager: Oui. Réalisez vos assets. Vendez votre maison. Floggez votre voiture. Mettez votre femme dans un part-time job. *Mais donnez-moi mon argent* !

Monsieur: Impossible. Ma maison est mortgagée jusqu'au hilt. Ma voiture est un crock. Je n'ai pas de femme, seulement une girl-friend avec des goûts expensifs. Cigare ?

Manager: Non, merci. Alors, vous avez une suggestion, vous ?

Monsieur: Oui. Donnez-moi un loan de £2,000.

Manager: Moi ? Vous ? Donner ? Un loan ? C'est votre idée d'une joke ?

Monsieur: Pas du tout. See, squire, j'ai un petit plan. Si tout va bien, je vais être riche.

Manager: Impressionez-moi.

Monsieur: Donnez-moi £2,000. En sept jours je vais vous donner £10,000.

Manager: Ah, vous me prenez pour un sucker. . . . Quelle sorte d'opération ?

Monsieur: Un bank raid.

Manager: Un quoi ?

Monsieur: Un bank raid. C'est très simple. J'ai fait toute la recherche. 'Donnez-moi le lolly, ou je réarrange vos features ! Vite ! Vroom vroom ! Et Bob est votre oncle.'

Manager: C'est monstrueux . . . Le £2,000, c'est pour quoi ?

Monsieur: Acheter une voiture. Acheter un revolver. Acheter un stocking de nylon.

Manager: Le raid, c'est sur quelle banque ?

Monsieur: Sur Natglynn. Votre rival léthal.

Manager: Hmm . . . Eh bien, c'est très irrégulier, mais je vous avance le £2,000. C'est votre dernière chance, monsieur.

Monsieur: Mes amis m'appellent Buster.

Manager: C'est votre dernière chance, Buster. Compris ?

Monsieur: Dieu bless, squire.

Manager: Nous sommes ici pour encourager l'entreprise privée. Good luck—et mum est le mot.

Monsieur: Croiser mon coeur, espère à mourir.

Lesson Trente-Deux

Dans la Départment Store

Monsieur: Excusez-moi . . .

Assistant: Monsieur, je suis à votre service.

Monsieur: Bon. Je veux donner un butcher's à votre selection de cuff-links.

Assistant: Nous n'avons pas de cuff-links.

Monsieur: Mais . . . c'est ici le Département de Hommes, n'est-ce pas ?

Assistant: Spot on, monsieur, mais . . .

Monsieur: Cuff-links. Petit gadget primitif. Pour réunir les cuffs.

Assistant: Dans Fashion Accessories, monsieur.

Monsieur: Ha ! Nous sommes ici au ground floor. Fashion Accessories est au 5ème étage. C'est du bon planning, cela ?

Assistant: Non, mais . . .

Monsieur: Maintenant je dois chercher les lifts. Mais les lifts sont toujours chock-a-bloc. OK. So je cherche les escalateurs. Mais dans une département store les escalateurs sont toujours 'up' si vous voulez descendre, et 'down' si vous voulez monter. Vrai ou non ?

Assistant: Eeuh . . . oui, un peu.

Monsieur: Alors, après beaucoup d'aventures, après une période de panique dans Soft Furnishings, j'arrive à Fashion Accessories. Et là, à Fashion Accessories, quelle est la réponse à mon request pour les cuff-links ?

Assistant: Je ne sais pas.

Monsieur: A Fashion Accessories on dit : 'Monsieur, les cuff-links sont dans le Département de Hommes'.

Assistant: Ah, non.

Monsieur: Ah bloody oui ! J'étais dans Fashion Accessories à 1.15 pm. On m'a donné votre adresse. Je suis ici, à 1.37 pm. *Et je reste ici* ! JE DESIRE MES CUFF-LINKS !

Assistant: OK. Un moment. Je vais consulter M. Thoroughgood. M. Thoroughgood est le buyer. M. Thoroughgood !

Thoroughgood: Vous avez un spot de trouble, M. Jenkins ?

Assistant: Non, mais ce gentleman désire les cuff-links et . . .

Thoroughgood: Ah. Les cuff-links sont dans le Giftshop.

Monsieur: Ah non ! (*Il collapse.*)

Thoroughgood: Oh dear. Il est mort.

Assistant: On va alerter le département de funeral ?

Thoroughgood: Non, non. Je n'aime pas le fuss. Vous connaissez le changing-room fermé ? Qui est réservé aux boîtes vides et aux hangers avec metal fatigue ?

Assistant: Oui.

Thoroughgood: Dumpez le late customer là. Les cleaners le trouveront le matin. Ah—regardez !

Assistant: Quoi ?

Thoroughgood: Dans la showcase. Des cuff-links. Oh dear, oh dear. Oh well, lunch-hour.

Lesson Trente-Trois

Jour de St Valentin Special: Le Pregnancy Test

Mari: Vous avez des lettres intéressantes dans le post?

Femme: Pas exactement. Cousine Liz dit que sa sciatica lui donne merry enfer. K Shoes annoncent une monster sale. Ron Threlfall, 24-heure plumber, dit que son service est unbeatable. Et vous?

Mari: J'ai une lettre, seulement. Mais c'est très intéressant.

Femme: Mmm?

Mari: Apparently, je suis pregnant.

Femme: MMM!?

Mari: Oui. C'est une lettre du Lab Confidentiel, Slough, Bucks. Elle est définie. Elle ne mince pas ses mots. Elle vient directement au point. Elle dit: Votre test est positif—vous êtes preggers.

Femme: Oh, Harry.

Mari: Oui, il n'y a pas de doute. J'ai un dans le spout. J'ai une

Femme: Tu . . . tu as demandé ce test?

Mari: Non. C'est totalement gratuit.

Femme: C'est une erreur. C'est un cock-up par Telecom Britannique.

Mari: Phrase infortunée, si j'ose dire. Non, l'adresse est claire. 'H. Caldecott, 14a, Villas de Mafeking.' Henri Caldecott, c'est moi. Mon Dieu. Le boss va être furieux.

Femme: Ou Harriet.

Mari: Pardon?

Femme: Harriet. Notre fille teenager. Elle est aussi 'H. Caldecott'.

Mari: Aaaagh! Je n'avais pas pensé. Quelle horreur! Notre petite Harrietkins, pregnant! Son career, ruiné! Elle ne sera pas jamais une stewardess, maintenant. Une cabingirl avec un brat, c'est la fin de tout. Ah, la slag! La tarte, la hussy!

Femme: Harry—il faut etre understanding. Elle est notre petite Harriet, après tout.

Harriet: Bonjour, papa. Bonjour, maman. Quel beau jour!

Papa: Pas pour long. Il y a une lettre ici pour toi, Harriet.

Harriet: Ah, bon . . . (*Elle lit*) Ah. Bon!

Maman: Bon? Je ne comprends pas.

Papa: Tu es pregnant et tu dis: Bon? Ah, je vais te couper sans un penny!

Harriet: Mais non, papa, je ne suis pas pregnant! C'est une joke!

Papa: Joke?

Harriet: Oui. Ce pregnancy test positif est une carte de St Valentin pour la head-mistress de l'école. La 6ème classe l'a organisée.

Papa: Mais . . . mais comment tu as organisée un test positif?

Harriet: C'est quelque chose qu'on a appris dans notre A-Level Biologie.

Papa: C'est fantastique, l'education moderne. Dégoûtant, mais fantastique. N'oubliez pas que la poste est maintenant 15½p.

Lesson Trente-Quatre

Dans le Camping Shop

Salesman: Bonjour, monsieur. Vous avez votre oeil sur quelque chose?

Monsieur: Oui. Je suis dans le market-place pour équipement de climbing.

Salesman: Ah. Où allez-vous pour le climbing? Snowdonie? Le Districte du Lac?

Monsieur: Non. Sur Evérest.

Salesman: Evérest? Mont Evérest?

Monsieur: Il y a un autre?

Salesman: Et vous achetez tout votre équipement ici, à Kilburn Camp et Hike Shop? Ah, c'est notre lucky jour!

Monsieur: Non. Nous avons tout l'équipement déjà. Je fais seulement un check-up.

Salesman: Vous avez les anoraks, les goggles anti-glare, les woolly chapeaux?

Monsieur: Oui.

Salesman: Les crampons? Pitons? Croûtons? Cantons? Tampons? Slaloms?

Monsieur: Oui.

Salesman: Alors, monsieur, vous avez tout.

Monsieur: Pas exactement. Vous voyez, c'est une expédition un peu spéciale.

Salesman: C'est la première qui commence à Kilburn?

Monsieur: C'est la première qui fait l'ascente d'Evérest *sans l'aide de l'alcool*.

Salesman: C'est révolutionnaire. C'est héroique. C'est, si je l'ose dire, lunatique.

Monsieur: Nevertheless.

Salesman: Alors, vous avez des bonbons ?

Monsieur: Comme quoi ?

Salesman: Des mints. Des mints imperials. Des mints extra-forts. Aussi, les traditionnels Amis du Pêcheur, les lozenges V-Victoires, les gums de fruit etc.

Monsieur: Excellent ! Je prends une crate de chacun.

Salesman: Et le chew-gum, naturellement. J'ai trois flaveurs himalayens. Patchouli, marijuana et essence de rhododendron.

Monsieur: Yuk.

Salesman: Mais non, les sherpas adorent ça. Vous avez des sherpas ?

Monsieur: Oui. Nous avons même le fameux sherpa, Parka Tensing.

Salesman: Alors, le chewgum exotique est un naturel. Vous avez le cocoa, les tablets de Horlique, la poudre d'Ovaltine, l'eau de Perrier . . . ?

Monsieur: Perrier ? Pourquoi Perrier, avec toute cette neige ?

Salesman: C'est la neige naturellement sparkling ? Vous trouvez des lollipops effervescents sur Mont Evérest ?

Monsieur: Non, mais . . .

Salesman: C'est un must. Aussi les tablets de garlic, les cubes de stock de poulet, les bars de Mars, les sticks de liquorice . . .

Monsieur: Hold on, je vais faire une liste.

Salesman: C'est mon lucky jour après tout.

Lesson Trente-Cinq

Dans le Stamp Shop

Stampman: Bonjour, monsieur.

Monsieur: Bonjour, M. le stampman.

Stampman: Quelle sorte de stampe vous cherchez ? Une bumper enveloppe de 500 assortis, pour donner le kick-off à votre collection ? Un paquet de stamps de l'Empire, avec le bon Georges VI et sa charmante jeune femme ? Ou bien un something exotique, par exemple ces stamps du Vietnam du Nord avec le striking overprint 'MORT A HENRI KISSINGER !' ?

Monsieur: Non, merci. Je cherche des stamps de Hungary.

Stampman: Les stamps hongrois ? Bon. J'ai beaucoup d'odds et ends Magyar Kir Posta. Tenez, voilà un set très pittoresque : un Good Food Guide issue de Budapest, avec 12 restaurants recommandés et un recipe pour goulash.

Monsieur: C'est gentil, mais non merci. Je cherche des stamps de ante-guerre.

Stampman: Je ne crois pas que CND est très fort en Hungary.

Monsieur: Pas anti-guerre. *Ante*-guerre. Ante-bellum. Pre-WW2.

Stampman: Hmm. Il n'y a pas beaucoup. J'ai ici un stamp, 1932, 20 filler, rouge, portrait de Franz Liszt. C'est dans votre collection ?

Monsieur: Non.

Stampman: Eh, voila ! Seulement £1.50.

Monsieur: Non, merci.

Stampman: Vous n'aimez pas Franz Liszt ? Je sympathise. Pour moi, il est très second-rate. Beaucoup de son et fury, qui ne signifie rien. Un B-feature compositeur. Eh bien, il y a aussi un stamp 1932, 40 filler, bleu, portrait de M. Munkacsy.

Monsieur: Qui ?

Stampman: Je ne sais pas. En 1932, il y avait un set de stamps de célébrités de Hungary. Le drawback est que Hungary a seulement une célébrité : Franz Liszt. M. Munkacsy est un makeweight, along with L. Eotvos, I. Madach etc.

Monsieur: C'est triste, ça. Etre un makeweight philatelique. Gosh, how triste.

Stampman: C'est vrai.

Monsieur: Anyway, je cherche un stamp de 1939. Crown de

St Stephen, 1 filler, rouge.

Stampman: Oui, vous êtes en luck. J'ai le very thing.

Monsieur: Je désire 20, s'il vous plaît. Mint, sans postmark.

Stampman: Vous désirez *vingt*? Et c'est tout?

Monsieur: Oui.

Stampman: Monsieur, vous avez la collection le plus spécialiste du monde. Vous avez seulement les stamps 1939, Hungary, 1 filler, rouge? Et mint?

Monsieur: Oui. Eh bien, ce n'est pas pour une collection. C'est pour ma grande-mère.

Stampman: Ah, votre granny est philatéliste?

Monsieur: Non. Elle est hongroise. Une génuine granny de Hungary. Elle est attrapée dans un time-warp. Elle croit bien que British Telecom accepte seulement les stamps de Hungary de 1939, la date de son exil. Donc, chaque fois qu'elle écrit une lettre, elle attache un stamp de 1939.

Stampman: Et British Telecom accepte ça?

Monsieur: Non. Mais moi, j'attache aussi un 15½p stamp. Quand granny ne regarde pas.

Stampman: Curieux. Ah, si votre granny est de Hungary, perhaps elle connaît l'identité de ce bloke . . .

Monsieur: Quel bloke?

Stampman: M. Munkacsy.

Monsieur: Bonne idée. Je vais lui demander.
(*Note pour les scolaires: Munkacsy etait un artist de Hungary, dead en 1900 et maintenant totalement oublié. Avec raison.*)

Lesson Trente-Six

Sur La Plage

Papa: Voilà ! C'est fini !

Maman: Quoi ?

Papa: Le château. Le château de sable. La sandcastle que j'ai construite tout le matin. Pauvre Bloody Papa Ltd, Architecte et Constructeur de Sandcastles, Turrets une Spécialité.

Maman: C'est nice pour les enfants.

Papa: C'est murder pour moi. J'ai incorporé douze Jacques d'Union, deux portcullis, six turrets et un outside loo. Maintenant, je crève.

Maman: Nonsense. C'est fun pour toi.

Papa: Well, peut-être.

Monsieur: Excusez-moi . . .

Papa: Oui ?

Monsieur: C'est vous qui avez élevé ce château ?

Papa: Oui, c'est moi. Vous l'aimez ? Il s'appelle Dunjousting.

Monsieur: Avez-vous un permis pour le château ?

Papa: Quoi ? Vous êtes joking ou quoi ?

Monsieur: Je ne fais jamais les jokes, monsieur. Je viens

du Planning Department de Mudford-sur-mer, et je répète ma question : où est votre permis de planning ?

Papa: Look. Je suis en vacances. J'ai travaillé tout le matin. Maintenant je veux me reposer au soleil et aller rouge comme un lobster. Donc, push off.

Monsieur: Vous êtes obligé de faire une application pour *toute* construction temporaire qui affecte l'environment. Votre sandcastle est bang au milieu de Mudford Plage. Il affecte l'environment énormément. C'est très controversial. *Où est votre permis ?*

Papa: Et si je n'ai pas de permis ?

Monsieur: Ah ! En l'absence d'un permis, j'ai l'autorité de commander la destruction de votre chateau !

Papa: Look, mate, si vous posez un doigt sur Dunjousting, je vais vous déposer dans le briny, bowler et briefcase et clipboard et tout.

Monsieur: Ne devenez pas stroppy with me, monsieur. Je suis un homme sérieux. Déjà ce matin j'ai commandé la destruction de deux sandcastles, quatre dunes illicitement modernisées et une modèle du Palais de Buckingham.

Papa: Je ne le crois pas. L'homme est un nutter.

Les Enfants: Papa, papa ! Viens vite ! La tide est dans le château ! Ton château tombe dans l'eau.

Papa: Ah, non ! Eh bien, monsieur, maintenant vous êtes un happy little bureaucrate, eh ?

Monsieur: Pas exactement. Aviez-vous un permis pour la destruction de votre château ?

Papa: Maman, donne-moi la spade. Je vais commettre mayhem. Sans permis. En garde, monsieur !

Lesson Trente-Sept

Dans la Machine de Photos de Passeport

Lui: Stop un moment. Voilà une machine de photos de passeport. Je suis obligé d'avoir une photo pour ma carte d'étudiant.

Elle: Mais dans les photos de machine, vous êtes toujours si terrible, avec votre bouche d'idiot, votre moustache à la mode du Rippeur Yorkais, et vos yeux pleins de feu maoiste.

Lui: C'est l'image publique d'un étudiant. C'est cool par moi.

Elle: Mais il faut beaucoup de temps pour attendre !

Lui: Nous avons beaucoup de temps.

Elle: Mais, dans une gare de Tube, c'est embarrassant.

Lui: Ah ! Voilà vos réelles raisons ! Voilà les préjudices bourgeoises, votre horreur d'être différente. Moi, j'ai le courage d'être différent !

Elle: Entrer dans une machine de photos, c'est un geste révolutionnaire ?

Lui: C'est un beginning. Prêtez-moi 30p.

Elle: Voilà. Maintenant, entre dans la petite maison, asseyez-vous comme un bon petit garçon, et RESTEZ IMMOBILE.

Lui: OK. Un moment pendant que je réarrange le petit rideau et (*flash*) ah non, je n'étais pas prêt ! (*flash*) Et cette fois je blinkais !

Elle: Il y'en a encore deux. Ne bougez pas !

Lui: Je ne gouge pas les lèvres. Gouteille de guière . . . (*flash*)

Elle: Les deux last n'étaient pas mauvaises.

Lui: Vous croyez ?

Elle: Oui. Vous aviez l'expression d'un mass-meurtrier, mais un mass-meurtrier avec un streak

gentil, qui aime les petits chiens et un jar avec les lads.

Lui: Ha ha flammant ha.

Elle: Qu'allons-nous faire ce soir ?

Lui: Je ne sais pas. Sans *Time Out* je suis comme un puppet cassé. Je suis perdu.

Elle: Sans les listings d'agitprop, c'est à dire ?

Lui: Non. Sans les Coeurs Solitaires.

Elle: Ah, je vous déteste !

Lui: Un moment. Voilà les photos.

Elle: Oh, mon Dieu. Vous avez les specs noirs. Et un bald patch. Et une barbe Jimmy Hill. La machine est allée autour du twist.

Gentleman (*avec specs noirs, bald patch, et barbe Jimmy-hillienne*) *:* Pardon, monsieur, mes photos, je crois.

Lui: Voilà, monsieur.

Elle: Oh, regardez ! C'est Bob et Tess et Jim et Kate !

Bob, Tess, Jim, Kate: Hi ! Oh, regardez—une machine de photos ! Prenons une photo de tous nous six. (*Avec beaucoup de giggles et difficulté, les six entrent dans le cabinet.*)

Policier: Allo, âllo, âllo, qu'est-ce que c'est tout ça ? Un meeting du shadow cabinet du SPD, peut-être ? (*A ce point, la soirée commence à devenir silly. Laissons-la là.*)

Lesson Trente-Huit

La Technique de Narration d'une Anecdote

Femme: Darling, dites à Ken et Val l'histoire du pigeon dipsomaniaque.

Mari: Quelle histoire?

Femme: Ne soyez pas thick. Vous savez. Quand nous étions à Hong Kong. En 1967.

Mari: Mais c'est un peu long et boring.

Femme: Non, dites l'histoire à Ken et Val.

Ken et Val: Oui, dites-nous l'histoire.

Mari: Non, vraiment. Honnêtement.

Femme: DITES L'HISTOIRE!!!

Mari: Don't shoot! Je ne suis pas armé.

Femme: Ha ha. Maintenant, l'histoire.

Mari: Oui, well, nous étions à Hong Kong en 1969 . . .

Femme: 1967.

Mari: Je crois, dearest, que c'était 1969.

Femme: Non. Je sais. J'étais pregnant avec Rupert.

Mari: Nous étions à Hong Kong en 1967 et nous étions à l'Hôtel Mandarin et un jour nous étions dans le lift de l'hôtel et par mistake j'ai pressé le bouton 'UP' et pas le bouton 'DOWN'. Dans un moment nous étions sur le roof ! Eh bien . . .

Femme: C'était l'Hotel Fleur de Lotus.

Mari: Oui, peut-être c'était l'Hôtel Fleur de Lotus. Anyway, nous étions sur le roof, et c'était amazing, parce que le top chef avait tous ces pigeons là, des racing pigeons dans des hutches.

Ken et Val: Oh, really ?

Mari: Anyway, nous avions un petit chinwag avec le top chef, sur le roof, et il nous dit qu'il avait le champion pigeon de

Hong Kong, nom de Confucius, mais qu'il avait une addiction. Il buvait.

Ken et Val: Un pigeon dipso ! Un alcoholique aérien ! C'est weird, etc.

Femme: Je me souviens maintenant. C'était 1969. J'étais pregnant avec Drusilla.

Mari: Anyway, je disais au top chef : C'est un handicap, n'est-ce pas, un pigeon qui boit à excess ? C'est difficile, voler dans une straight ligne. Et le chef dit : Non, le thing est que mon pigeon est toujours fighting ivre et il attaque les autres pigeons dans la race, et il est le seul à traverser le finishing mark.

Ken et Val: Ha ha, très bon, maintenant nous allons chez nous, c'est tard pour le baby-sitter, *lovely* dîner, etc. . . .

Mari: Mais l'histoire n'est pas terminée !

Ken et Val: Tough. (*Exit de Ken et Val*).

Femme: Continue.

Mari: Mais . . . ils sont partis.

Femme: Ça ne fait rien. Continue !

Mari: OK. Anyway, le crunch est que les autorités de Hong Kong voulaient introduire un test de breathalyser pour le pigeon-racing . . . pourquoi je continue ? Vous connaissez l'histoire déjà.

Femme: Parce que vous êtes un raconteur abysmal et il faut pratiquer. Continuez !

(*Le mari continue, jusqu'à la divorce.*)

Lesson Trente-Neuf

Dans le Centre de Home-Brew

Shopman: Oui, monsieur, vous désirez ?

Monsieur: Oui. Je désire un brewkit. Mais je suis un first-time brewer.

Shopman: Bon. Pour vous, ma suggestion est un bitterkit. C'est très simple. Vous avez un petit barrel, un petit funnel, un petit sac de hops et malt, et voilà !

Monsieur: C'est tout ?

Shopman: Oui. Nearly.

Monsieur: Et les labels, et les drip-mats, et so forth?

Shopman: Ah, monsieur, c'est une opération de marketing, tout ça. Nous sommes simplement un brewkitshop.

Monsieur: Hmm. Et la flaveur?

Shopman: La flaveur est délicieuse et traditionelle. Old Goat Pipkin de Tadcaster.

Monsieur: Je n'aime pas.

Shopman: Vous n'aimez pas? Vous tournez votre nez à Old Goat Pipkin?

Monsieur: Oui. Je préfère le keg. Le Reél Ale, pour moi, c'est un turn-off, un mish-mash de vieille végétation. Donnez-moi le vrai, pur, golden, translucent stream de keg. Vous avez un kegbrewkit?

Shopman: Monsieur, vous blasphémez.

Monsieur: Pas du tout. Je suis réaliste.

Shopman: Eh bien . . . Pour le homekegbrew, il faut un tank d'aluminium, des pipes plastiques, un scientiste en blanc overall, une laboratoire, des rats . . .

Monsieur: Pourquoi des rats?

Shopman: Pour des expériments horrifiants et inmentionables.

Monsieur: Bon.

Shopman: Et un fleet de tankers.

Monsieur: OK.

Shopman: Cela vient cher.

Monsieur: L'argent n'est pas un objet. Je suis un millionaire eccentrique.

Shopman: Ah, oui? Dans ce cas, vous voulez un disco? Des Envahisseurs d'Espace? Une machine à fruit?

Monsieur: C'est normal avec le keg?

Shopman: Oui, mostly.

Monsieur: Right. Je prends le tout bang shoot.

Shopman: Bon. Vous faites take-away?

Monsieur: Non. Je vais envoyer mon chauffeur ce soir.

Shopman: Bon.

Monsieur: Et donnez des instructions minutieuses à mon chauffeur, car c'est mon chauffeur qui va faire le homekegbrewkitmaking.

Lesson Quarante

Dans la Yacht Marina

Yachtman: Monsieur . . .

Directeur de Marina: Oui, monsieur?

Yachtman: C'est un emergency. Je suis perdu.

Directeur: Lost? Mais non, mais non! Vous êtes dans le HQ de Brightsea Boat Parc, la plus grand marina du Channel. Vous êtes sauf et sound.

Yachtman: Eh bien, oui. Ce n'est pas moi qui sois perdu. C'est mon yacht. Je suis dans une missing yacht situation.

Directeur: Ah, c'est tragique. Vous l'avez perdu dans un mid-Channel storm? Ou dans une rencontre avec un tanker Liberien, avec le capitaine prenant quarante winks et le crew tous drunk? En tout cas, il faut alerter le coastguard!

Yachtman: Non, non. J'ai perdu mon yacht ici. Dans la marina.

Directeur: Ah, quelle scandale! Un shipwreck ici dans ma marina? C'est la fin de mes rêves. C'est terrible. Je vois déjà les headlines: 'Wreck dans la Marina, Beaucoup de morts, Questions dans Parlement, Directeur en Prison, etc. . . .'

Yachtman: Mais non, monsieur le directeur. Ecoutez. Ce matin j'ai laissé mon yacht pour aller au shopping. Tous les essentiels basiques, vous savez—pétrole, gin, tonique, citron, cigares, aspirines, etc. Maintenant, je suis back. *Et je ne peux pas trouver mon yacht.*

Directeur: Un yacht-burglar, vous croyez?

Yachtman: Pas même ca. Le fact est, il y a roughly 10,000

yachts ici, tous roughly identiques, et je ne peux pas identifier *Daylight Snobbery*.

Directeur: Daylight Snobbery?

Yachtman: C'est le nom de mon yacht.

Directeur: C'est un nom ghastly.

Yachtman: Oui, n'est-ce pas? Mais still et all, je veux le trouver.

Directeur: Donnez-moi une description et je vais regarder par mes binculaires. C'est une Contessa Trente-deux?

Yachtman: Rien de si élégant. C'est une Coast-Hugger 26, avec sails, mast, etc.

Directeur: Tous les bâteaux sont comme ça. Il y a des marques distinguissantes?

Yachtman: Non. Ah, oui! Il y a une femme en posture de sun-bathing. C'est ma femme.

Directeur: Ah! Avec un bikini encouleurs de supporteurs de Spurs?

Yachtman: Non. Avec un vieux one-piece noir.

Directeur: Je l'ai trouvé. Avec une grande mole sur l'épaule droite?

Yachtman: C'est ça!

Directeur: Votre yacht est dans Bassin 2, Row E, Gangway 4, Mooring 49a. C'est seulement un walk de 15 minutes d'ici.

Yachtman: Merci beaucoup, monsieur.

Un Backword
par LA PRINCESSE DIANA

Gosh. Well, c'est un moment nerveux pour moi.

I mean, au Mariage Royal l'Archbishop de Canterbourg m'a expliqué toutes les obligations d'une princesse. La Retraite Frappée, la posture, et so forth.

Et puis il a dit: "Oh, and les introductions de livre. Dans la Famille Royale, tout le monde écrit beaucoup d'introductions de livres. OK? C'est facile quand vous avez le hang."

Well, gosh. Je ne suis pas votre actuelle femme de lettres. Je danse, oui, et j'aime les animaux et les enfants, oui, mais le *writing*. Ce n'est pas mon bag.

So, j'ai dit à l'equerry: "Look. Pour commencer, donnez-moi quelque chose de simple. Pas une énorme introduction. Mais une petite quote. Comme André Prévin et son 'C'est la plus grande picture dans l'histoire da monde.' Pour pratiquer, hein?"

Et l'equerry dit: "Très bien, Votre Altesse Royale." (Il est très suave comme ça. Un vieux smoothy.) "Tenez, j'ai juste la chose! J'ai une lettre ici de Monsieur Kington, qui produit une quatrième (4ème) volume de Let's Parler Franglais. Quatrième! C'est comme une machine de sausage. Anyway, il demande s'il y a une membre de la Famille Royale qui peut écrire."

Ah! Let's Parler Franglais! J'adore ça. Mais un foreword, c'est long, n'est ce pas? Et très sérieux?

"Eh bien, Votre Sérénité," dit l'equerry. (Un peu excessif, je crois.) "Faisons une compromise. Un petit backword. C'est original, et vous aurez carte blanche."

Et voici mon backword. C'est déjà très long! Mais c'était bon fun.

Et c'est Diana, par le way, *non pas* Di. Je déteste ce nom. Yuk.

Oh gosh, c'est *très* long maintenant. Je vais stopper là.

(**J'acknowledge l'assistance valable de l'Ambassadeur Francais avec les accents. Spelling et looking-up des mots longs par mon mari. Pour les fautes et erreurs, je suis seulement responsable.**)